prometeo
l i b r o s

prometeo
libros

EL SILENCIO COMO PALABRA
MEMORIA, ARTE Y TESTIMONIO DEL HORROR

Victoria Souto Carlevaro

El silencio como palabra

Memoria, arte y testimonio del horror

ÍNDICE

Dedicatorias 11

Introducción 13

Silencio 19

PARTE 1: EL TESTIMONIO DEL HORROR: TERRITORIO DE LA IMPOSIBILIDAD

APORÍAS DEL TESTIMONIO: EL SILENCIO EN LA PALABRA PROFERIDA

Silencio y testimonio 27

La exterioridad, adentro 31

Testimonio: el anhelo de la experiencia 32

Los *musulmanes* que sobrevivieron para dar su testimonio:

    cartografía de un "olvido" 38

Los viajes del silencio 42

DESPLAZAMIENTOS SILENCIOSOS 44

La conformación de la *zona gris*: un desplazamiento silencioso 48

Sobre la muerte de la figura del individuo 49

La libertad como prisión 50

Sobrevivientes y familiares ante el *desaparecido* 52

La culpa desplazada 55

Mass-klo, matisklo 60

El silencio como empobrecimiento 64

Parte 2: Recordar en la trampa de la memoria

Sobre la amenaza de la memoria 69

La morada de la memoria 70

Parte 3: A propósito de la (im)posibilidad de un acercamiento estético al horror

Algunas comsideraciones sobre *aquella* frase de Adorno 78

Unas palabras sobre el silencio en Paul Celan 82

El "yo" poético y la "desubjetivación" 85

Sobre el peligro de la estetización del horror 86

El problema de la representación del horror 87

Auschwitz: la "ejecución" de la representación 90

Sobre la irrepresentabilidad del horror: el debate 96

Cine y teatro ante la memoria

Shoah, de Claude Lanzmann: el retorno de la representación 99

"Trilogía del horror": el teatro como andamiaje de la memoria 104

Los rubios, o sobre cómo desvestir un cuerpo desnudo 106

La ausencia como lejanía 108

El juego: arquear la representación, acariciar sus salientes 109

"Al omitir, recuerda" 111

Construir una película como su propio ensayo 114

La identidad en la "falla" de la verdad 115

Un arte post-Holocausto: de la agonía *del* lenguaje a la agonía *como*

lenguaje 118

"Cierres" 123

Bibliografía 125

Filmografía 131

Estos juicios tendrían que llevarnos al silencio, y yo escribo.
Esto no es paradójico en absoluto.

Jacques Derrida, *La escritura y la diferencia*

Dedicatorias

A mi madre, María Elisa Carlevaro, porque pude ver en ella cómo se transforma una mujer apasionada cuando se llena de vida por una convicción. Por haberme transmitido desde muy temprano una intensa sensibilidad para estos temas y por su apoyo para este trabajo: tan cercano como fue necesario, tan lejano como fue preciso. Por la libertad creadora que me ha legado para siempre.

A Miguel Molina y Vedia, mi compañero de todas las luchas, con quien comparto desde hace años una vida luminosa. A quien estuvo conmigo a lo largo de este difícil proceso y supo abrazarme con brazos generosos cuando solo quedaba lugar para la pena. Al hombre que siempre entendió por qué no podía dormir ese dolor y nunca me pidió que lo hiciera.

A Nicolás Casullo, tutor de la tesina que dio origen a este libro y el primero en considerar que este material debía ser publicado, pero sobre todo quien escuchó mis ideas (y mis temores) con una dedicación y una ternura que ya se han quedado conmigo. Al Nicolás cuya ausencia aún me duele.

A mi hermana, María Souto Carlevaro, por su presencia incondicional, su humor y la dulzura con que supo cuidarme del peligroso abismo del pensamiento al que veía que me estaba asomando sin reservas.

A mis amigos, que entendieron por qué era tan importante para mí quedarme trabajando en esto.

A los asesinados en campos de exterminio de Europa.

A los desaparecidos en Argentina.

A los sobrevivientes.

A quienes los amaron.

A todos ellos está dedicado este libro.

Introducción

Este no es un libro sobre el silencio como ausencia. Tampoco como afonía. No es, ni siquiera, un libro mudo, destruido, o silenciado, aun cuando la premisa de hablar *desde* el silencio para tantear la memoria sea la fuerza que anima estas palabras.

Es un libro que encuentra su propio comienzo en una sola certeza: que para hablar del horror es preciso aceptar que aún tenemos la muerte zumbando en la boca, pero que no hay que callar, sino pronunciar una palabra que se abra paso en ese aleteo, e irrumpa temeraria, aún trémula, desesperada.

¿Dónde encontrar la pregunta para desgranar la compleja naturaleza del testimonio? En el silencio. Sin embargo, es preciso destacar que la relación entre silencio y testimonio del horror ha sido, a menudo, trabajada a partir de la construcción maniquea de una falsa antinomia lenguaje-silencio. Así, cuando se ha reflexionado en torno al silencio que han producido los genocidios, frecuentemente se lo ha asimilado a la lisa y llana ablación de la capacidad expresiva. Se ha escrito sobre el silencio de los que ya no pueden hablar, como si él habitara solo en la imposibilidad de la articulación de la palabra, ya sea por muerte o enmudecimiento a causa de haber padecido una experiencia traumática.

Es por eso que este abordaje no se ocupa del silencio de quienes han sido exterminados, ni tampoco del que oprime a quienes han sobrevivido y no pueden dar testimonio; en cambio, se dispone a buscar el silencio que habita en la palabra que sí ha podido ser articulada.

La primera parte de este libro está construida como un acercamiento ensayístico a las distintas formas del silencio que intervienen en el testimonio, así como también a algunas de las múltiples imposibilidades que se juegan y entrecruzan en su seno; imposibilidades que reafirman su existencia *como* testimonio y destacan su sustancia aporética.

En la segunda parte los dilemas que plantea la particular estructura del testimonio permiten abrir la reflexión sobre la memoria y su compleja construcción. El recuerdo del horror es y será, siempre, una necesidad imperativa, urgente. No hay duda de que hay que recordar. Pero ¿cómo hacerlo? ¿Con qué lenguajes? Y ¿cómo cuidar el recuerdo sin estrangularlo? ¿Cómo desenvolverlo sin coleccionarlo? ¿Cómo cruzar hacia el recuerdo del otro y hacerlo propio sin que se nos derrame en el camino? ¿Cómo mantenernos siempre alertas ante la tramposa tranquilidad que produce la sobreabundancia de testimonios? ¿Cómo descifrar cuál es el semblante del horror que se debe salvaguardar para evitar el acostumbramiento? ¿Cómo impedir la fosilización del recuerdo, para no terminar petrificando su preciosa sangre? ¿Cómo alentar la necesidad irrenunciable de recordar sin que ella se transforme en una consigna que se muerda a sí misma?

Este recorrido también pretende dejar respirando estas preguntas para volver cada tanto sobre ellas y producir una intervención que incite a repensar la memoria en sus formas más extendidas, porque su obstinación en el recuerdo y en el acopio de material puede terminar exponiéndola a extraviar precisamente aquello que con tanto celo intenta preservar del olvido.

La tercera parte de este libro está dedicada a explorar algunos cruces entre arte y silencio. Esta indagación está alentada por un interrogante simple, pero de enorme importancia: ¿es realmente posible producir una aproximación estética al desgarramiento que provocaron, primero, la experiencia del Holocausto, y, después, la última dictadura militar en Argentina? Fue para empezar a abrir este interrogante que ha sido indispensable pensar la posibilidad (o imposibilidad) de la creación artística de una memoria del horror *desde* el imperativo "silencio".

Al mismo tiempo, ser cantautora, buscar sonidos, cerrar los ojos para dejar acontecer la vibración más íntima ha sido para mí, siempre, una manera de tocar el silencio. De protegerlo. Un silencio que, claro está, no es un intervalo entre sonidos, sino una suspensión plena del sentido capaz de despertar lo que está ausente de la presencia, aquello que se queda en el preciso instante en que parte mientras no deja, nunca, de mirarte a los ojos.

Es así que lo que motivó la idea de abordar las ligazones entre arte, horror y silencio fue, sin duda, la necesidad de examinar teóricamente algunas preguntas centrales que me acompañan desde hace años y que están relacionadas con mis búsquedas estéticas.

Además, el trabajo con el silencio (un material que es, por definición, inasible) me permitió extremar, desde la propia madeja de la escritura, lo que la palabra tiene de frágil para así poder hablar de la fragilidad de la palabra. Para eso fue preciso adoptar un lenguaje que no temiera mostrar su deshilachada vestidura, y tomar, como punto de partida, un fracaso originario: el mismo desde donde el testigo y el cineasta comienzan a imaginar su voz imposible.

Quiero agradecer a Lisandro Aldegani por haber interpretado tan bien mis ideas gráficas con sus herramientas de diseño.

Por último, quiero agradecer también a la Facultad de Ciencias Sociales de la UBA por la calidad de sus clases, pero, sobre todo, por haber sido para mí un espacio vital, dador de intensidad.

Por todo lo pensado allí y por las lecturas sugeridas. Por las discusiones vivas, las clases en la calle, las fiestas. Por los proyectos mancomunados y los compañeros cercanos. Por la experiencia creada y por la encantadora inminencia de lo que nunca llegó. Por los pasillos, sus paredes escritas, sus dibujos, sus carteles. Por ser espacio de asambleas, tomas impetuosas y punto de encuentro de tantas marchas compartidas.

Por todo lo abrazado. Por todo lo derramado.

COMO SU SILENCIOSA COYUNTURA **SILEN
CIO** NACE DE SU IMPOSIBILIDAD **SILENCIO**
MASTICAR EL SILENCIO, MASCULLARLO **SI
LENCIO** ES LA CARNE MISMA DE LA PALA
BRA PROFERIDA **SILENCIO** EN EL INSTANTE
EN QUE ÉL MISMO ES LA ILUMINACIÓN QUE
LE COLOCA EN LAS MANOS EL LÍMITE DE LA
PALABRA, ESCRIBE **SILENCIO** UN LENGUAJE
AFÓNICO **SILENCIO** CUANDO LA MEMORIA
CREE GANAR SU BATALLA CINCELA EN
PIEDRA SU PROPIO EPITAFIO **SILENCIO** DES
VESTIR UN CUERPO DESNUDO **SILENCIO**
OBLIGADO A ALZAR EL CUERPO EXÁNIME
DEL LENGUAJE DE LOS ASESINOS DE SU
MADRE **SILENCIO** BALBUCEAR LA IMPOSIBILI
DAD DESDE UNA BOCA HENCHIDA DE SILEN
CIO **SILENCIO** ESTAR CERCA ES NO PODER
ESTAR, NUNCA, ALLÍ **SILENCIO** DESPEREZAR
SE DENTRO DE LA APORÍA **SILENCIO** SÓLO
PUEDE TENER EN SUS MANOS AQUELLO QUE
YA SE HA FUGADO DE ELLAS **SILENCIO**
HABLAR EL LENGUAJE DEL OTRO **SILENCIO**
SE RECONOCEN EN LA RETIRADA DE LA PALA
BRA PLENA **SILENCIO** AHÍ: EL SILENCIO COM
PARTIDO, LA LENGUA COMÚN, EL TRAZO ES
PECTRAL DIBUJANDO TODAS LAS LIGAZO
NES **SILENCIO** LO DESTRUYE EN EL DESEO POR

Silencio

Luego de la experiencia del Holocausto, acaso el genocidio más emblemático del siglo xx, y en un contexto social que marca la importancia de pensar la construcción de la memoria en Argentina luego de la dictadura militar del período 1976-1983, este recorrido se propone analizar cómo el silencio participa de la construcción de una memoria del horror.

Dada la gran cantidad de relatos de primera mano que han sido publicados tanto sobre el Holocausto como a propósito del genocidio que llevó adelante la dictadura militar argentina del período 1976-83, resulta indispensable centrar la atención en lo que se alza como una de las *vías regias* para la construcción de una memoria del horror y está, al mismo tiempo, amenazado ya en su misma constitución: el testimonio.

Es precisamente esa marca de nacimiento la que ha despertado nuestro interés por la complejidad de su naturaleza. Sus asfixias constitutivas, en lugar de serenar su importancia, la inauguran. Y la reafirman, porque el elemento que nos niega el testimonio como cuerpo para andar la memoria es el mismo que nos lo devuelve, del mismo modo que para hablar el silencio no es preciso acuchillar la escritura sino aventurarse a pronunciar su nombre *desde* ella y no *contra* ella.

Las producciones artísticas de Occidente siempre se han nutrido de algunos de los grandes temas de todos los tiempos: la violencia, el dolor, la muerte. Pero luego del genocidio que tuvo lugar en Europa durante la Segunda Guerra Mundial, con su despliegue de poder concentracionario, cuyo marco permitió un "estado de excepción"[1] en el que el hombre perdió, en el campo de exterminio, hasta su derecho a una muerte propia, asistimos a un fenómeno bien diferente, cuya singularidad ha impactado de manera directa sobre la representación.

---

[1] AGAMBEN, G., *Estado de excepción*, Buenos Aires, Adriana Hidalgo, 2007.

Es así como resulta primordial, para producir un debate sobre la construcción de memoria, volver una y otra vez sobre las dificultades que han lesionado la posibilidad de representar el horror desde disciplinas artísticas. En este punto es preciso hacer una aclaración fundamental sobre la que luego volveremos: que tales obstrucciones no cobran importancia para nuestro enfoque porque opriman tal construcción, sino porque son capaces de liberarla.

La conocida frase de Adorno que sentencia que "escribir un poema después de Auschwitz es un acto de barbarie, y este hecho afecta incluso el conocimiento que explica por qué se ha vuelto imposible escribir poemas"[2] plantea, en principio, una clausura respecto de todo acercamiento estético que intente tratar con los horrores extremos que han tenido lugar en la historia.

La situación que nos legó el terrorismo de Estado en Argentina actualiza la urgencia por ofrecer una mirada sobre la relación entre arte y memoria que suponga tanto una relectura cautelosa del célebre *dictum* adorniano como un relevamiento crítico de los debates suscitados en torno a él. Para ello, nos detendremos también con especial interés en la búsqueda estética que ha llevado adelante el poeta rumano Paul Celan, que aunque cuestionó duramente el pronunciamiento del teórico de la Escuela de Frankfurt supo vislumbrar que, después del genocidio perpetrado en Europa durante la Segunda Guerra Mundial, la producción de una palabra poética solo puede darse *desde* los despojos de un lenguaje que ha sido cómplice de la barbarie.

Entonces las preguntas se imponen, se agolpan, se impacientan. ¿Cómo hablar del horror desde un lenguaje estético capaz de transgredir el límite expresivo que impone la voluntad de reproducir el acontecimiento? ¿Una genuina aproximación artística al horror es acaso imposible, y estamos solo en presencia de silencio? ¿Hay que limitarse a dar cuenta de ese silencio? ¿Hay que hacer hablar a ese silencio?

El hecho artístico se produce siempre a partir de lo imposible, de lo no dado, de alguna clase de silencio. Pero el silencio, que es inherente a todo acto creador y habita siempre en su génesis, ante heridas de tal magnitud no opera como facilitador sino que, por el contrario, obtura *a priori* la posibilidad de existencia de cualquier estética que no sea la de la mera contemplación del pasado.

Es que los hechos traumáticos, tanto de la experiencia del Holocausto como de nuestra historia reciente, se presentan con un semblante de

---

[2] Adorno, T., *Prismas*, trad. Manuel Sacristán, Barcelona, Ariel, 1962, p. 29.

verdad tan irrefutable que no permiten que advenga la opacidad, el punto ciego que toda búsqueda expresiva necesita para existir. El hecho de que esta clase de heridas colectivas se presenten con la contundencia de una fatalidad sin mediación (como "la pura cosa" que es, toda ella, además, su principio y su fin) hace que cualquier acercamiento estético al horror no pueda más que circunscribirse al lugar del "reflejo", y que en el mismo gesto se desintegre como tal.

Así, hasta los intentos más fecundos están condenados a hablar desde el silencio, desde un cuerpo expresivo ya dañado, que deberá moverse siempre con extrema cautela. Que no morirá completamente como hablante, pero que hablará, en todo caso, y parafraseando a Günther Grass, para "esparcir cenizas sobre los geranios".[3] En este punto es necesario detenerse, porque es en el corazón mismo de estas inquietudes donde la presencia del silencio se vuelve ineludible: aparece en todo acercamiento estético, impregna cada testimonio. Su asechanza no puede ser soslayada: es un magma implacable que alcanza a cualquier intento de abordar el horror.

Existen algunas alternativas artísticas que retoman esas preguntas centrales y trabajan críticamente con la proscripción que ha caído sobre la representación del horror y que, por lo tanto, serán retomadas en este recorrido: para el caso alemán, *Shoah*,[4] la película de Claude Lanzmann, y para el caso argentino, tres obras teatrales y un film: la "Trilogía del horror",[5] de Omar Pacheco, y *Los rubios*,[6] de Albertina Carri.

Sin embargo, no es nuestro objetivo detenernos en las especificidades de cada una de las disciplinas de las que nos ocuparemos (cine, teatro), aunque será imprescindible para nuestro abordaje examinar algunos objetos culturales cuyos creadores tratan de tal manera su materia que exhiben, a un mismo tiempo, el proceso creativo contenido en el objeto terminado y el carácter igualmente constructivo de la memoria con la que trabajan.

Del mismo modo, nuestra herida histórica está presente en cada palabra de este texto aún cuando no la convoquemos cada vez de manera explícita. En este sentido, los debates que aquí retomaremos a propósito de la experiencia del Holocausto no dejan de ser, más allá de la enorme importancia que tienen en sí mismos, una manera de buscar alternativas para pensar la construcción de una memoria local.

---

[3] Grass, G., *Escribir después de Auschwitz,* Barcelona, Paidós, 1999, p. 19.
[4] *Shoah* (Francia, 1985), de Claude Lanzmann.
[5] *Memoria* (1993), *Cinco puertas* (1995), *Cautiverio* (2001), de Omar Pacheco.
[6] *Los rubios* (Argentina, 2003), de Albertina Carri.

La pertinencia de la elección de los objetos culturales mencionados está dada porque ellos, de algún modo, han comprendido que están hablando desde el silencio, y porque construyen un lenguaje a partir de la imposibilidad. Además, abrevar en aquellos tanteos artísticos que edifican su búsqueda estética a partir del silencio es también echar luz sobre quienes deciden hablar *desde* un lenguaje que se acerca mucho al del silenciado. Analizar las creaciones que de algún modo hacen suyo ese propósito resulta fundamental para nuestro trabajo, porque, después de todo, hablar el lenguaje del otro es también un modo de hablar de la memoria.

Agamben alerta sobre el riesgo de proclamar a Auschwitz como un "indecible", es decir, eufemizarlo, adorarlo en silencio. ¿Por qué conferir al exterminio el prestigio de la mística?,[7] se pregunta irritado. Su observación es muy atinada, e identifica un grave peligro siempre latente, que nuestro tratamiento del silencio no pretende contradecir. En el gesto de elegir ciertas piezas de la cultura, de ir hacia el testimonio, incluso en esta misma escritura, supone siempre, y como premisa fundamental, la introyección de la imposibilidad, nunca su denegación.

Esto equivale a pensar un silencio capaz de emitir un balbuceo, una voz afónica cuya lugartenencia sea (como ya veremos) siempre móvil. Una intención que no se inscribe en un plano muy diferente de la postura de Agamben, para quien Auschwitz posee una unicidad que lo vuelve ejemplar y necesario de ser abordado pese a los silencios y los límites. Sin embargo, nos permitimos agregar a tal aseveración una salvedad fundamental: que el silencio no puede ser comprendido como una imposibilidad a eludir sino a retomar, a partir de la cual es menester construir "voz": no *a pesar de* ella, sino *por* y *desde* ella.

Este libro sitúa su indagación en el lugar exacto en el que la imposibilidad intenta crear una voz. El trabajo con la imposibilidad no implica para nosotros un mutismo infecundo, sino el intento por asistir al alumbramiento de un silencio parlante que sepa presentarse como una intermitencia. Por eso nos detendremos tanto en el lenguaje del testimonio como en el lenguaje estético, ambos dotados de una singular capacidad para desnudar las imposibilidades a que está sujeta toda palabra después de que tales genocidios hayan podido ocurrir.

Ahora bien, desnudar las imposibilidades implica iluminarlas, mirarlas a los ojos y transmutarlas en lo que, paradójicamente, termina permitiendo

---

[7] Agamben, G., *Lo que queda de Auschwitz. El archivo y el testigo. Homo Sacer III*, Valencia, Pre-Textos, 2005, p. 31.

que una memoria del horror pueda ser creada y re-creada permanentemente. Es que lo posible está, de alguna manera, pre-dado; es casi tangible aún cuando exista en tanto potencia y no haya devenido acto. Pero la imposibilidad, en cambio, permite la creación precisamente *porque* prohíbe, porque tal constricción exige una "salida" realmente nueva. Pero no nos referimos a una salida que nos arroje fuera de la imposibilidad, sino que nos permita construir *en* ella. Es en esa salida donde espera el verdadero terreno en el que puede darse la creación de una memoria del horror. Del mismo modo en que proponemos encontrar una salida *en* la imposibilidad, decimos: acudir al silencio (re)creador de una memoria del horror no como *silencio* sino como *palabra*.

Si, como decíamos antes, hablar el lenguaje del otro es un modo de hablar de la memoria, este acercamiento debe reflexionar sobre discursos que se comprometen a rozar el lenguaje del otro, a vivirlo, a soñarlo, a anhelarlo con el dolor más íntegro, a llamarlo desde la propia voz, casi a hablarlo. Aquellas voces que tensan la cuerda del silencio hasta liberar un grito (las obras y los testimonios de los que hablaremos aquí) se inscriben de manera imprescindible en esta búsqueda, porque reclaman el intento irrenunciable de hablar, aún desde el silencio.

Y de hacer hablar al silencio.

PARTE 1:
EL TESTIMONIO DEL HORROR: TERRITORIO DE LA IMPOSIBILIDAD

Aporías del testimonio: el silencio en la palabra proferida

Silencio y testimonio

A propósito de la figura del narrador, Walter Benjamin ha explicado que la falta de relatos del campo de batalla que pudo observarse tras la Primera Guerra Mundial daba cuenta ya del deterioro histórico de la experiencia comunicable.[8] Sin embargo, tanto en el caso de Auschwitz primero como en el de la ESMA después (solo para nombrar dos lugares emblemáticos), el silencio aparece también en quienes sí han podido articular un relato sobre aquellas vivencias. Por eso, ni el más locuaz sobreviviente puede transmitir la densidad del horror, ni el más atento auditorio es capaz de aprehenderlo. Es preciso aclarar que esta imposibilidad no tiene relación con las capacidades o incapacidades individuales, porque el silencio se cuela más allá de aquellas, en los intersticios que existen en lo no dicho, pero también en el relato que sí ha podido ser producido.

El testimonio de Primo Levi es uno de los ejemplos más claros de un relato que ha podido ser construido, pero cuya construcción está hecha, inevitablemente, de niebla. De silencio. Él mismo dice en *Los hundidos y los salvados*[9] que la verdad del campo de concentración está en aquellos que ya no pueden pronunciarla, en los "hundidos", "quebrados", "musulmanes". Y en el mismo sentido, Wiesel afirma que "los que no han vivido esa experiencia nunca sabrán lo que fue; los que la han vivido no la conta-

---

[8] Véase Benjamin, W., "El narrador. Consideraciones sobre la obra de Nicolai Leskov", en *Sobre el programa de la filosofía futura*, Barcelona, Planeta-Agostini, 1986.
[9] Levi, P., *Los hundidos y los salvados*, Barcelona, Muchnik, 1989.

rían nunca; no verdaderamente, no hasta el fondo. El pasado pertenece a los muertos".[10]

Sucede que esa verdad de la que habla Levi está en el silencio de quienes ya no pueden hablar. Y en este punto podríamos agregar algo: *es* ese silencio. La verdad del *campo* y el silencio no son indisociables: son la misma cosa. Y esa verdad que él describe se quiebra en el instante mismo en que el relato es articulado: el mismo acto de hablar destruye la posibilidad de dar cuenta de la densidad del *Lager*. De modo que esa capacidad solo puede existir en tanto potencia: cuando se transforma en acto, se pulveriza. Quien puede contar, en ese mismo gesto se vuelve mudo: es que hablar del horror resulta ciertamente imposible, y quienes pueden testimoniar no están hablando de él.

En este punto podemos aventurar una afirmación, que trabajaremos a lo largo de este recorrido: el mecanismo destructor (silenciador) de la capacidad de dar cuenta de la densidad del *campo* es doble, y amordaza tanto a quienes se han llevado consigo, para siempre, la verdad del *Lager* (y que *por eso* son sus guardianes más fidedignos), como a aquellos que pierden la viscosidad del horror en el acto de nombrarla. El silencio se duplica, y en ambos casos no hay más que una eterna demora, un gesto fatigado que deviene alusión circular a un otro tan lejano, tan siempre esquivo.

Muchos autores (entre ellos Derrida, Agamben, Wiesel, casi podríamos decir Levi), se han ocupado de reflexionar sobre la imposibilidad del testimonio. Ricardo Forster ha retomado esta cuestión[11] al señalar, por un lado, la incompatibilidad que existe entre las características imprecisas, huidizas, que flotan por fuera de todo valor de verdad del testimonio, y por el otro el afán cientificista que se mueve en el orden de la certeza y del interés por aquello que puede ser "verificable". El texto intenta distinguir el lenguaje académico-cientificista del lenguaje de las cenizas, que es, en definitiva, la sustancia del testimonio. Eso es precisamente lo que nos interesa trabajar aquí: lo que escapa a cualquier tipificación, lo que pertenece al orden de lo intransferible, el punto ciego que no puede ser constatado.

Prescindieremos de toda posible reflexión en torno a la veracidad de los testimonios: en lo que refiere al territorio del silencio una reflexión tal sería, además de irrelevante para nuestro enfoque, maliciosa.

---

[10] Wiesel, E., "For some measure of humility", en *Sh'ma. A Journal of Jewish Responsibility*, N° 5, 31 de octubre de 1975, p. 314, citado en Agamben, G., *op. cit.*, p. 33.

[11] Forster, R., "El imposible testimonio: Celan en Derrida", *Pensamiento de los Confines* N° 8, FCE, primer semestre de 2000.

"Al volverse dato, prueba endeble, material de investigación y confrontación —explica R. Forster (2000: 83)—, la palabra testimoniante se convierte en otra cosa, pierde su estatuto y poco tiene que ver con su primera manifestación." Se le exige al testigo, en virtud de la necesidad cientificista de la contrastación fáctica, una prueba que él "no puede ni debe ofrecer".

Ocurre que la imposibilidad del testimonio no es la imposibilidad de acceso a un saber exhaustivo, científico, para lo cual el silencio sería una barrera que impediría llegar a algún esquivo "fondo". En efecto, si del horror se trata, no hay tal cosa como un "fondo". Es que el silencio no es la angustiosa imposibilidad de dar cuenta de un todo *oculto*, susceptible de ser desplegado (aunque solo fuera en teoría) pero inaccesible, sino acaso piel y cuerpo de la propia palabra del horror, y, por lo tanto, infranqueable por naturaleza.

Dice Derrida, en su conferencia "Hablar por el otro" —retomada en el artículo de Forster—, que la ceniza destruye o amenaza con destruir hasta la posibilidad de dar testimonio de la destrucción misma. "Pero quizás lleguemos a pensar que la posibilidad de esta destrucción, de esta desaparición no solo del testigo sino de la posibilidad de testimoniar es también la única condición del testimonio, su única condición de posibilidad —paradójica y aporética— como condición de su imposibilidad."[12]

Quisiéramos detenernos aquí en un pasaje de Adorno en el que habla, literalmente, de la paradoja de la posibilidad de lo imposible (*vom Paradoxon der Möglichkeit des Unmöglichen*) y que ha sido retomado enfáticamente por Derrida. Esto decía el propio T. Adorno en *Prismas* (1962), a propósito de Benjamin: "En la paradoja de la posibilidad de lo imposible se han encontrado por *última vez* en Benjamin mística e Ilustración".[13] Derrida despliega lo dicho por Adorno y continúa: "La posibilidad de lo imposible no puede sino ser soñada", y anhela un pensamiento "completamente diferente de la relación entre lo posible y lo imposible".

Tanto la imposibilidad del testimonio como el reclamo de su existencia aún en su condición paradójica y aporética, vuelven necesario dedicar algunas reflexiones sobre el estatuto del testimonio, siempre orientadas a nuestro tratamiento del silencio.

---

[12] DERRIDA, J., "Hablar por el otro", en *Diario de Poesía*, N° 39, primavera de 1996, citado en FORSTER, R., *op. cit.*, p. 77.

[13] ADORNO, T., *op. cit.* en DERRIDA, J., "Discurso de Frankfurt", París, Galilée, Collection *La philosophie en effet* (27 mars 2002). Edición digital de Derrida en castellano.

Forster sugiere que Paul Celan nos habla en su escritura de la soledad del testigo. Soledad que, nos permitiremos agregar, es acaso la más interna: la que concierne no solo a la imposibilidad de testimoniar por el otro, sino también a la imposibilidad de testimoniar sobre la propia vivencia. Es cierto que el testimonio está lleno de baches, de silencios (Levi se ha referido en más de una ocasión a las "lagunas" que constituyen el testimonio), y que la imposibilidad de dar cuenta del horror es inherente a su propia dinámica. Pero si entendemos el testimonio sobre Auschwitz como el testimonio sobre su imposibilidad —el testimonio es, siempre, testimonio del silencio (Agamben, 2005)—, esa soledad es también la de no poder testimoniar tampoco sobre la propia experiencia. Es el silencio más íntimo, y que nada tiene que ver con poder o no evocar los sucesos. De hecho, Levi asegura que no existe nada que recuerde mejor ni con mayor precisión que aquellos días vividos en el *Lager*.

Esa soledad, entonces, no tiene que ver solo con que el testigo no pueda hablar de la experiencia de los otros, sino con el propio silencio, con la imposibilidad de evocar-se del propio sujeto hablante, con no poder encontrar-se en el relato y en lo que allí se intenta, a pesar de todo, recuperar y transmitir. Es claro que no puede haber algo como una prolija *transmisión*, no solo porque exigirle eso al testimonio sería confinarlo a su extinción como tal, sino también porque, y tal como ya lo ha explicado Merleau-Ponty, en el acto de alocución interviene un proceso creativo, puesto que la idea se construye *en* el acto de habla: antes no hay un preexistente ya prefigurado al que solo le restaría un proceso de traducción, sino, apenas, una "intención significativa".[14]

Esa imposibilidad de evocar-se a la que nos referimos, existe en consonancia con aquello de lo que habla Forster, cuando dice: "¿No sabe el testigo que al testimoniar clausura, en parte, el retorno hacia la intimidad de una memoria que no puede volverse lenguaje y que se guarda en lo más profundo del yo? Y sin embargo el testigo da su testimonio" (Forster, 2000: 84). Es que, para poder hablar, el testigo debe olvidar que va a clausurar esa intimidad. Hablará en el intento de contarla, y allí es cuando la perderá.

Sin embargo, Forster destaca el colosal esfuerzo de Levi por dejar, más allá de la imposibilidad del testimonio, constancia de lo decible en lo indecible, la notable voluntad de testimoniar aún ante la sospecha (¿la íntima certeza, podremos decir?) de la imposibilidad de ponerse en el lugar del otro; y hablar, en cambio, "por delegación".

---

[14] Véase MERLEAU-PONTY, M., *Fenomenología de la percepción*, México, FCE, 1957.

La exterioridad, adentro

Beatriz Sarlo propone, en su libro *Tiempo pasado*, una intervención orientada a pensar más allá de ese "respeto congelado frente a algunos episodios dolorosos del pasado",[15] gesto que sin duda hay que reconocer y alentar. Lo hace tanto en lo que se refiere a la recuperación histórica del pasado, a propósito del pensamiento crítico-intelectual al respecto, como así también en relación al arte y sus intentos por trabajar por fuera de los discursos hegemónicos sobre la memoria. Sin embargo, en este movimiento propone una adyacencia, una distancia crítica que, tal y como se plantea, termina poniendo en juego tanto la naturaleza del testimonio como la de la representación del horror.

Sarlo (2005: 54, 55) explica, sobre un pasaje de Primo Levi, que el horror padecido no le permite conocerlo mejor, y continúa la argumentación afirmando que "para conocer, la imaginación necesita ese recorrido que la lleva fuera de sí misma, y la vuelve reflexiva...", debido a que "a las narraciones de memoria, los testimonios y los escritos de fuerte inflexión autobiográficos los acecha el peligro de una imaginación que se establezca demasiado firmemente *en casa*". En esta tesitura, la autora termina destacando la destreza con que tanto Pilar Calveiro como Emilio de Ípola han logrado, en sus libros, agregar a lo vivido en carne propia el valor de la reflexión teórica.

Sin embargo, no creemos que el alcance crítico de la intervención esté necesariamente garantizado por el grado de distancia o de exterioridad con que tanto los propios damnificados como los intelectuales, artistas y pensadores puedan tratar el problema del horror. Muy por el contrario, no solo creemos que tal aproximación puede hacerse desde dentro del nudo problemático, sino que debe, por fuerza, hacerse únicamente desde él y desde ningún otro espacio, y esto vale incluso para quienes no han transitado personalmente la experiencia del cautiverio.

El análisis que no logra encontrar la distancia al interior del horror, de la memoria, de la fragmentariedad del recuerdo, nos priva precisamente de aquello que se anhela observar con mejor perspectiva, y esto es así tanto en lo que refiere al testimonio del horror como a su representación estética.

---

[15] Sarlo, B., *Tiempo pasado. Cultura de la memoria y giro subjetivo. Una discusión*, Buenos Aires, Siglo XXI Editores, 2005, p. 57.

Cualquier exploración crítica debe ser hecha desde el centro mismo del horror y desde los resortes propios de la memoria. Esto significa, además, dos cosas: no es posible pretender que quienes han sido víctimas directas del poder concentracionario produzcan un análisis objetivado de la propia experiencia (sí, en todo caso, crítico, pero no cosificante ni distanciado), ni tampoco anhelar que se genere desde el campo intelectual. En cambio, es preciso que quienes reflexionen sobre el tema lo hagan desde el gesto reivindicativo de reclamar una interioridad en la que eviten fetichizar su propio relato, o el pensamiento derivará por fuera de la densidad que se ansía tocar, aunque solo pudiera asirse por instantes, y nunca como resultado de un esfuerzo de restitución del pasado. Desalojar el testimonio, deshabitarlo, implica abandonar definitivamente la posibilidad de la experiencia y, de ningún modo, ir a su encuentro.

La epifanía (si sucediera) no nos aguarda por fuera del testimonio; tampoco en una representación que pudiera trazar distancias que se inscribieran más allá de su propia dinámica. En todo caso, la mediación en la que la representación se construye es inherente a su lógica y condensa el nudo de lo que trata sin irse de él. La distancia solo puede concebirse hacia adentro.

Cuando Sarlo impugna el estatuto del testimonio lo está cuestionando por adolecer precisamente de aquello que, en palabras de R. Forster (2000), el testimonio no puede (ni debe) ofrecer, ya que, como explica J. Derrida (1996), cuando un testimonio es confirmado, ya no es confirmado *como* testimonio.

Por supuesto, el testimonio se incorpora a la historia, pero pretender supeditarlo a ella, o modificar su alquimia para adecuarlo a la regla científica, equivale a atentar contra la singularidad inexpugnable de quien lo produce. Es así como se termina por engrosar el impersonal registro de los hechos, como si, por otra parte, allí pudiera realmente guardarse algo, como si el acopio lograra reclamar alguna palabra sobre la experiencia cuando en realidad está impedido de archivar hasta la imposibilidad de archivarla.

Testimonio: el anhelo de la experiencia

Según la lectura que hace Daniel Link del conocido texto de Walter Benjamin "Experiencia y pobreza", la experiencia no encuentra su posibilidad en la adecuación del discurso a la vivencia. De hecho —aclara—,

(... *Pensar en la imagen de una hoja arrugada, sin palabra.*
Abrir los ojos ante la falta muda que hay en ella,
a la que, sin embargo, se oye ronronear.)

(*Contemplar ese cuerpo que ha sido surcado, vejado, y volver*
sobre lo igual pero convertido en tan distinto,
en tan nunca como antes; lo que era de una manera pero que
ahora es definitivamente de otra...)

(*Hospedarse en la imbricación reveladora de la manera*
de "ser" de esa imagen en relación a las hojas
contiguas y en los sentidos posibles que sugiere esa
conjunción.)

(*Rumiar su silencio, lamer sus grietas con un cuidado*
extremo.)

(*Rumiar, apenas, algo de su silencio...*)

según el modelo de la fábula, se constituye en la falla de la verdad (en la verdad como ausencia o como resto).[16] Cabe en este punto una pregunta: ¿dónde encuentra su espacio la experiencia, si se constituye en el acto de enunciación de un testimonio que es imposible? Intentaremos desplegar esta aporía.

Link explica que si se pudo constatar —como señalaba W. Benjamin en 1933— que "las gentes volvían mudas del campo de batalla, no enriquecidas, sino más pobres en cuanto a experiencia comunicable",[17] la devaluación de la experiencia se explica, no en términos de verdad (de adecuación del enunciado a una determinada vivencia), sino en términos de capacidad expresiva. Ciega a la verdad, la experiencia necesita de un acto de discurso para sostenerse como tal: mudo —declara Link—, el individuo no experimenta. Pero en el testimonio del horror tampoco puede hacerlo: la pobreza de la experiencia aparece también traducida en silencio *en* la palabra dicha. En resumen, según W. Benjamin (1998) "la cotización de la experiencia ha bajado", y ha acudido en su reemplazo la "sofocante riqueza de ideas que se dio entre la gente", como correlato del desarrollo de la técnica.

Dice D. Link (2003) que "el testimonio no está del lado de la verdad, sino del lado de la experiencia. Y la experiencia no es previa al acto de discurso en el que se constituye". Aquí se presenta otro de los elementos que hacen de la imposibilidad la sustancia forzosa del testimonio: la paradoja de que, por un lado —como ya hemos dicho—, la densidad del *campo* se licue en el momento en que se da el testimonio; y por el otro que, al mismo tiempo, la experiencia no sea previa al acto de alocución sino que se constituya en él.

La voz del testigo ha sido arrinconada: el testimonio, tal como subraya Link, está del lado de la experiencia. Pero él es, a un mismo tiempo, tanto el espacio en el que ella puede tener lugar como el territorio lingüístico que padece su sustracción cada vez que eso se torna "posible".

La singular tragedia del testimonio está dada porque, pudiendo ser el lugar de la experiencia, es, por el contrario, el lugar del silencio. Aún así, y porque estas imposibilidades también nos hablan de Auschwitz y

---

[16] Véase LINK, D., "Qué sé yo. Testimonio, experiencia y subjetividad", publicación web en http://linkillodraftversion.blogspot.com/2006/03/qu-s-yo.html, marzo de 2003.

[17] Véase BENJAMIN, W., "Experiencia y pobreza", en *Discursos interrumpidos*, Madrid, Taurus, 1998.

de la ESMA, es que el testimonio se clava como una irrenunciable necesidad, tanto individual como colectiva.

A propósito de un error que suele cometerse en torno a la interpretación del mutismo de los sobrevivientes, Link se ve en la obligación de aclarar que "el obstinado silencio de los ex combatientes de la guerra no es, para Benjamin, en modo alguno producto de sus horrores (como si hubiera un 'más allá de lo decible'), sino más bien correlativo de un estado de la técnica, que ha puesto, precisamente, saberes en el lugar de la experiencia" (Link, 2003).

Sucede que allí, justamente donde la palabra transmitida se vuelve un bien traducible y transferible punto a punto, se diluye la experiencia. ¿No ocurre algo muy similar, acaso, cuando el testimonio es relevado desde la ciencia, o inclusive cuando, como decíamos, el testigo pierde la densidad del horror en el acto de hablar de él?

Como ha señalado D. Link (2003), también para Agamben es crucial recuperar la cuestión del testimonio por haber advertido que la subjetividad se constituye (se hace y se deshace) en la experiencia radical de escritura que es el testimonio y no en la adecuación entre una vivencia y un texto que sería su mera transcripción. Pero justamente es en el testimonio donde se pierde la viscosidad que, sin embargo, solo podría ser recreada, paradójicamente, en él.

¿Por qué decimos que se pierde la viscosidad de lo vivido en el testimonio, si la experiencia se configura en el acto de alocución? Es que la densidad de lo vivido no está en la mera transcripción de una vivencia; es, en todo caso, aquel sustrato espeso que solo puede constituirse en la creación permanente y siempre voluble del acto de discurso, y que únicamente tiene lugar en aquellos instantes en los que, precisamente, la vivencia es desplazada del centro de la escena verbal. Recién en ese punto puede aparecer (producto de un acto de creación, no de reproducción) la experiencia, aquello que justamente no es pasible de ser transcripto, sino que, en los instantes más insospechados, suele presentarse como un bosquejo, un destello intermitente que asoma y reclama su propio cuerpo. Esta es la posibilidad de re-construir, en el acto creador del relato (único e irrepetible por definición), aquel pliegue personalísimo e intransferible que funda la relación del testigo con su pasado traumático.

Sin embargo, en el caso del testimonio del horror, eso no puede tener lugar, por dos razones: porque el testimonio del testigo implica un reflujo constante de voces y silencios siempre "foráneos", que se constituyen como un "yo" permanentemente emplazado en un "otro", con lo cual no es posible reclamar algo así como una experiencia "propia", y porque el horror sustrae esa porción intransferible: extirpa la experiencia del relato, que es precisamente la posibilidad de dar cuenta de esa densidad que, paradójicamente, solo podría cobrar sustancia *en* el testimonio: el lugar de la experiencia por antonomasia. Y aquí, y otra vez, algo se vuelve posible *solo* cuando es imposible, del mismo modo que la voz del *musulmán* se constituye como tal solo cuando no puede ser pronunciada.

Que la densidad del horror sea, a todas luces, inasible, no resulta de la imposibilidad con la que lidia cualquier acercamiento cientificista al "objeto" que pretende una exhaustividad que, dicho sea de paso, tampoco podría nunca alcanzar cabalmente. El silencio al que aquí nos referimos no alude a tal imposibilidad, pues estaría presente aún si fuera posible "dar cuenta acabadamente" de lo que fueron Auschwitz o la ESMA, dado que cualquier acercamiento cientificista al horror se constituye exactamente en el olvido de la sustancia silenciosa del testimonio. Ese silencio que aquí intentamos delinear no se traduce en la imposibilidad de acceder a algún *fondo* (un sustrato inenarrable), porque allí no habría una verdad a ser buscada, que, sin embargo, el horror nos niega. Ese silencio es, en todo caso, una muerte que se mece también en lo que ha podido ser verbalizado.

Es justamente en el acto de discurso donde se pierde la viscosidad del horror, pero no porque se esté en presencia de un "más allá de lo decible" de lo que no se puede dar cuenta, como ha aclarado Link respecto de la muy a menudo mal entendida frase de Benjamin. En cambio diremos que, en todo caso, el silencio que el horror le imprime al testimonio está dado porque encubre (silencia) la existencia de una operatoria que oculta que no hay tal cosa como un "más allá de lo decible". Muy por el contrario, el horror es palpable, está detrás *y* delante, es fondo *y* superficie (y ese es su secreto). Su inaccesibilidad no tiene que ver, en todo caso, con que sea inalcanzable, sino con que no se advierte que es, en cambio, una maciza omnipresencia; que comenzar a buscarlo es haberlo encontrado ya, o, mejor dicho, que él ya nos ha encontrado a nosotros y nos lleva demasiadas muertes de ventaja.

Los *musulmanes* que sobrevivieron para dar su testimonio: cartografía de un olvido

Jean Amèry ha explicado que en la jerga del *Lager* se le llamaba *musulmán* (*der muselmann*) al prisionero que había perdido ya cualquier esperanza y que había sido abandonado por sus compañeros; aquel que "era un cadáver ambulante, un haz de funciones físicas ya en agonía".[18]

"Se duda en llamar muerte a su muerte, frente a la cual no albergan temor porque están demasiado cansados para comprenderla",[19] dice Levi, y Zdzislaw y Klodzinsky, ambos sobrevivientes de Auschwitz, han contado que "si se observaba de lejos a un grupo de estos enfermos, se tenía la impresión de que eran árabes en oración. De esta imagen surgió la definición usada normalmente en Auschwitz para indicar a los que estaban muriendo de desnutrición: musulmanes".[20]

Cuenta Agamben que en unas películas filmadas en el campo de Bergen-Belsen inmediatamente después de su liberación, no se ahorraba ningún esfuerzo para mostrar las montañas de cadáveres, mientras que la cámara evitaba posarse en la imagen de los *musulmanes* y volvía enseguida a la montaña de cuerpos (recordemos: para los alemanes, *figuren*: figuras, apenas muñecos...); y explica que esto se debe, seguramente, a que el retrato de los cadáveres resulta más "familiar", mientras que el de los *musulmanes* alude inequívocamente a la especificidad insoportable del Holocausto (lamentamos no poder usar una palabra más adecuada, pero lo hacemos para entendernos). ¿Podremos decir, acaso, que el gran silencio de Auschwitz no duerme en esa montaña eterna de cadáveres, sino en los *musulmanes* que al momento de esa filmación aún estaban vivos?

"No comprenderemos lo que es Auschwitz, si antes no hemos llegado a comprender quién o qué es el *musulmán*, si no hemos aprendido a mirar a la Gorgona con él", sentenciaba G. Agamben (2005: 54). Esta afirmación no se sitúa en un plano diferente de nuestro enfoque y, además, participa

---

[18] Amèry J., *Un intellettuale a Auschwitz*, Bollati Boringhieri, Torino, 1987 (ed. orig., *Jenseits von Schuld und Sühne. Bewältigungsversuche eines Überwältigten*, F. Klett, Suttgart 1977), p. 39, citado en Agamben, G. *op. cit.*, p. 41.

[19] Levi, P., *Si esto es un hombre*, Barcelona, Muchnik, 1987.

[20] Zdzislan J. R. y S. Klodzinsky, "An der Grenze zwischen Leben und Tod. Eine Studie über die Erscheinung des 'Musulmans' in Konzentrationslager", en *Auschwitz-Hefte I*, Weinheim/ Basilea, 1987, p. 94, citado en Agamben, G., *op. cit.*, p. 43.

del sustento tácito de buena parte de nuestro recorrido argumentativo cuando destacamos la importancia de recuperar aquellos intentos artísticos que se proponen (de maneras más o menos conscientes) hablar el lenguaje del silenciado, o cuando decimos que hablar el lenguaje del otro es un modo de hablar de la memoria.

En suma, todo esfuerzo por *cruzar hacia* el silencio del otro se vuelve, aún en su imposibilidad, siempre imprescindible a la hora de contribuir a la construcción colectiva de una memoria del horror. Después de Auschwitz y también después de la ESMA, siempre y cada vez: *mirar a la Gorgona con él...*

"Gorgo, la 'anticara', solo se representa de cara...", observa G. Agamben (2005). ¿Pero es que acaso el balbuceo de Celan no se representa *en* un poema? El autor de "Todesfuge" sabe que la palabra es una trampa mortal y, aún así, balbucea *desde* el poema, y no por fuera de él. Es *en* el poema en el que habla de su imposibilidad. ¿Y los testimonios? ¿No hablan, acaso, además de referirse al silencio del *musulmán*, también de su propio silencio?

G. Agamben (2005: 55) es concluyente: "La Gorgona y el que la ha visto —el *musulmán* y el que da testimonio en su lugar— son una mirada única, la misma imposibilidad de ver". Y al respecto es posible agregar todavía algo más: el testigo está frente a un silencio, tal como lo está el *musulmán*; la diferencia entre ellos radica en que el primero no es consciente de la imposibilidad desde la que, sin embargo, habla, debido a que ese saber no se ha revelado ante él (sí ante el *musulmán*) como una epifanía.

Cuando Agamben explica que la Gorgona no nombra algo que el *musulmán* haya podido ver, que para el sobreviviente haya estado vedado, sino que designa, en cambio, la imposibilidad de ver de quien está en el *campo* y ha tocado fondo, es decir, que no ha visto ni conocido nada salvo la imposibilidad de ver, se hace patente (también aquí) aquello de lo que ya hemos hablado: que no hay un fondo, un secreto a desentrañar en algún lugar recóndito del horror, y que el silencio no es, en modo alguno, la imposibilidad de acceder a él.

Hacia el final de su libro *Lo que queda de Auschwitz*, Agamben hace referencia a un estudio dedicado al *musulmán*, en el que se incluyen varios testimonios de personas que, aún habiendo sufrido esa condición en carne propia, lograron sobrevivir. *A priori*, la existencia de esos testimonios parecería invalidar todo lo antedicho, en tanto y en cuanto la voz del *musulmán* no es reclamada por ningún testigo que habla "por delegación", sino que son los propios *musulmanes* los que toman la palabra.

Pero, otra vez, el testimonio (ahora el del *musulmán*) es empujado fatalmente hacia otra aporía: al poder decir que fueron *musulmanes*, de alguna manera han dejado de serlo o, por lo menos, su testimonio se "invalida" (está claro que la invalidación no tiene que ver con una sospecha en torno a la veracidad del relato). Ya no pueden describirnos qué quiere decir ser un *musulmán*, si por definición él *es* el silencio. Si han podido construir un relato sobre su condición es porque *aquello* se les ha escurrido entre los dedos, casi del mismo modo en que los testigos "comunes" no pueden dar cuenta de la densidad del horror cada vez que intentan hablar de él.

El filósofo francés Jean-Luc Nancy describe, en lo tocante a la representación del horror, una imposibilidad que sintoniza de una manera pasmosa con el derrame del horror en el acto de alocución al que nos referimos aquí, y dice: "Vemos (…) algo de los campos —su carácter horrible—, pero esto no se puede poner en imagen, ni por lo tanto (re)presentar, sin dejar que escape su realidad, puesto que esa realidad está por entero en su ejecución misma".[21]

Es posible identificar, además, otra obstrucción: la posibilidad o imposibilidad de contar no se juega en un *ahora*, sino en aquel *entonces*. Hay un sustrato que no puede reponerse retrospectivamente, que debe ser contado allí, durante la estancia en el *campo*, o se perderá. Algo que solo podía ser narrado mientras Levi soñaba desde las literas que contaba sus días en el *Lager*, pero también (¿sobre todo?) cuando se despertaba y eso era verdaderamente imposible, y descubría que tenía que levantarse.

Así como nadie testimonia por el testigo, tampoco puede demorarse el testimonio (esta es otra de sus características paradójicas, si tenemos en cuenta que es, por definición, retrospectivo). Debe ser enunciado en el momento, justo cuando es imposible, cuando la vivencia no ha concluido (¿concluye alguna vez?) y mientras esté fresca. En el instante en que se la delega a un otro, o bien, cuando se la encomienda al futuro del propio "yo" para que él la reponga con posterioridad, hay una pérdida irreparable. Un abismo, donde se derrama toda la "verdad".[22]

---

[21] NANCY, J.-L., "La representación prohibida", *Pensamiento de los Confines* N° 12, FCE, junio de 2003.

[22] Joseph Beuys, en una entrevista realizada en 1982, detectaba una manera de ser de la imposibilidad muy similar a la que describimos aquí y en la que se refería a Auschwitz como "lo que no puede ser representado, esta imagen repulsiva que no puede ser representada como una imagen y *que solo podría ser representada en la efectividad de su acontecimiento, mientras se está produciendo*, lo cual no puede trasladarse a una imagen". Citado por KRAMER, M., "Joseph Beuy's 'Auschwitz Demonstration', 1956-1964", en *La Mémoire d'Auschwitz dans l'art contemporain, Actas del coloquio internacional*, Bruselas, 11-13 de diciembre de 1997, Éditions du Centre d'etudes et de documentation-Fondation Auschwitz, 1998, p. 103, citado a su vez en NANCY, J.-L., *op. cit.* (La cursiva es nuestra.)

Es que los *musulmanes* han sido sentenciados a hablarnos solo desde su profundo silencio; eso es lo que *deben* comunicar. Si han podido hablar, es que ya lo han perdido (y perder el silencio es, para los *musulmanes,* perder el habla), es que ha habido un olvido, y que esa experiencia-silencio es ya inalcanzable. Si han podido hablar ya no son *musulmanes*, ni siquiera *musulmanes* que testimonian. En todo caso, para testimoniar "como los otros", es que han podido olvidar la Gorgona. Si no la hubieran olvidado, no estarían pudiendo testimoniar. Y de lo que pueden (deben) hablar es de la Gorgona, de la que solo puede hablarse *desde* el silencio y *desde* el *Lager*. Puesto que pueden hablar, se posicionan como titulares de un silencio asimilable al de cualquier otro testigo.

Una vez más, quien habla, enmudece. Y al superar su condición de *musulmanes*, han extraviado irreparablemente la densidad de la que, además, solo hubieran podido hablar cuando su única voz era el silencio.

Y con respecto a la pregunta por la verdad en tanto veracidad del relato, si no es inadmisible desde el punto de vista ético está, cuando menos, completamente fuera de lugar. La sustancia del testimonio (su "verdad") no puede ser comprendida (reducida) como *adaequatio*, pues tal cosa implicaría desestimar la experiencia, omitir la ceniza, fetichizar el relato. Olvidar la voz de lo indecible que se hace presente, construir una sinécdoque falaz: una parte que no representa a un todo, sino que lo oculta.

Es dable pensar que acceder a esa verdad que se ha presentado, según palabras del propio Celan, "en pleno torbellino de metáforas",[23] sería tan imposible como palpar aquella "verdad" que el *musulmán* se ha llevado a la tumba. No obstante, el deseo de acceder a una "verdad" tal estaría empobreciendo, además, tanto la genuina condición del arte como la del testimonio, esto es: la permanente coexistencia con la imposibilidad. Pero esa coexistencia es también reclamada; en palabras de R. Forster (2000: 79): "El testimonio (…) no puede ni quiere deshacerse de sus propios límites…". Es que el límite, la falta, la carencia constitutiva, no deben ser suprimidos, sino abrazados. Como dice Nicolás Casullo, a propósito del dilema de la memoria: "que no se interrumpa la interrupción que significa la memoria del terror".[24]

---

[23] CELAN, P., *Obras completas*, Madrid, Trotta, 1999.
[24] CASULLO, N., "Memoria para las muertes en la Argentina", *Pensamiento de los Confines* N° 9/10, FCE, primer semestre de 2001.

Los viajes del silencio

Retomaremos aquí, como punto de partida, algunas conclusiones de G. Agamben (2005). El autor afirma que es el *musulmán* el que de alguna manera testimonia, pero que esto en realidad implica que el que verdaderamente testimonia sobre el hombre es el que él llama el no-hombre (el *musulmán*), a través del testimoniante, que le presta su voz. Agrega, sin embargo, que no hay un titular del testimonio, y que testimoniar es entrar en un movimiento en el que algo se desubjetiva y calla, y algo se subjetiva y habla sin tener nada propio que decir.

A la luz de esas aseveraciones, es dable pensar que hay, entre el testigo y el *musulmán*, una mutua donación de silencios, y que es precisamente en el gesto donante donde el silencio dado se vuelve más propio. Así como el testigo no puede más que extraviar la viscosidad del horror en el momento en el que intenta dar cuenta de ella en el acto de discurso, estamos en presencia de un mecanismo muy similar: solo en el acto de mutua entrega del propio silencio para que sea hablado por un otro puede aparecer, paradójicamente, algo parecido a la propia voz.

R. Forster, en su ya mencionado artículo "El imposible testimonio" (2000), construye su argumentación a partir de una conferencia en la que Derrida indaga sobre la cuestión del testimonio, para lo cual elige como disparador una frase muy sugerente de un poema de Celan: "na-die/ testimonia/ por el testigo". Curiosamente, existe al mismo tiempo entre los sobrevivientes la sensación casi unánime de que quien ha podido salir del *Lager* lo ha hecho *en lugar de otros*, compañeros o desconocidos.

E. Wiesel (1975) siente la obligación de hacer una "confesión" (aunque esto no sea necesariamente así; ya desandaremos más adelante los mecanismos que dan lugar a estas "culpas" falseadas): "Estoy aquí porque un amigo, un compañero, un desconocido ha muerto en lugar mío". Celan advierte, implacable: "Nadie testimonia por el testigo", mientras que, paradójicamente, el sobreviviente siente que vive en el lugar de un muerto. No puede hablar con la voz (con el silencio) del *musulmán*, que es a todas luces intransferible; sin embargo siente que "usurpa" una sobrevida que podría pertenecerle a otro. No es posible, como dice Celan, hablar por el testigo, pero el propio cuerpo es vivido apenas como punto de pasaje de un (siempre) otro que, además, no tiene rostro (en palabras de Hannah Arendt, "ni un rostro donde la muerte hubiera podido estampar su sello"),[25] y que como tal tampoco sería, en rigor, dueño de ningún "lugar".

Se impone entonces la distancia insalvable ("nadie testimonia por el testigo") cuando se añora la cercanía, vale decir, cuando aparece el deseo del testigo de hablar por el otro y contar su silencio; al mismo tiempo se hace presente la coincidencia fatal con el otro (con el *musulmán*) cuando se reclama la unicidad, la voz y la vida propias, para que *sean* por fuera de cualquier "usurpación", entendida como la presencia del *musulmán* en calidad de la única voz posible en el cuerpo del testigo.

El silencio de ambos se explica aquí también: el sobreviviente que da testimonio está enmudecido porque solo puede hablar por otro, lo que llevaría a suponer que el testigo no es más que un "lugar" (una no-persona) que habla por quien "podría estar en su lugar", y esa ausencia es la que confirma su presencia como testimoniante. ¿No ocurre acaso lo mismo con el testimonio? ¿No es él mismo una ausencia, un silencio (o varios), una imposibilidad que confirma su condición de posibilidad en tanto que solo puede ser *en* esa ausencia?

Recapitulemos: la única posibilidad de hablar que tiene el testigo está aniquilada por el hecho de que solo puede hacerlo "en lugar de otro". Pero como ya sabemos, "nadie testimonia por el testigo", y aún así, la única posibilidad que tiene el testigo de hablar es la de hacerlo por ese otro hipotético cuyo lugar, además, estaría ocupando.

Ni siquiera quien ha podido dar testimonio está en condiciones de ocupar su propio lugar, sino el de una voz extinguida de la que además no puede hablar. Pero es otra vez esta imposibilidad la que articula a ambos (testigo y *musulmán*) en un silencio compartido.

Es la misma imposibilidad que, como veremos más adelante, otorga al arte agónico la voz perfecta para hablar del silencio de Auschwitz. Es también la del que ha "podido" dar testimonio para atisbar un lenguaje común en ese silencio, y construir, en ese acto, memoria *desde* el otro, aunque eso sea siempre una quimera.

---

[25] ARENDT, H., "L'image de l'enfer", en *Auschwitz et Jerusalem*, París, Deux Temps Tierce, 1991, extraído de Myriam Revaultd d'Allones, *Ce que l'homme fait à l'homme*, París, Seuil , citado en SCHMUCLER, H., "Ni siquiera un rostro donde la muerte hubiera podido estampar su sello", *Pensamiento de los Confines*, N° 3, FCE, septiembre de 1996.

Pero ocurre que la construcción de una memoria del horror es imposible. El testimonio es imposible. La voz de un arte del horror es imposible. Y entonces, ahí: el silencio compartido, la lengua común, el trazo espectral dibujando todas las ligazones.

Desplazamientos silenciosos

No creemos que las experiencias en los campos de concentración en Europa y en los centros clandestinos de detención en Argentina sean asimilables, pues cada una cuenta con peculiaridades indiscutibles, y sería un error superponerlas sin tener en cuenta los diferentes contextos históricos, los muy diversos criterios de selección de los cautivos, las sendas especificidades en lo que refiere a las reglas del cautiverio. Sin embargo, y sin olvidar nunca estas diferencias, encontramos algunos denominadores comunes, y es en ellos donde nos vamos a centrar aquí.

La necesidad de detenernos en algunos aspectos relativos a la dinámica del cautiverio obedece únicamente al hecho de que ellos se prolongan en la voz del testigo. El testimonio del horror es, probablemente, el territorio discursivo en el que mejor puede rastrearse el mecanismo de desplazamiento que, bajo las más diversas formas, ha desplegado el poder concentracionario, se trate tanto de la experiencia europea como de la argentina. En ambos casos, este mecanismo se ha caracterizado por situar a la víctima como verdugo de su semejante, desplazando de esa manera una culpa que, por cierto, persiste también en el modo en que el sobreviviente configura, en su propio testimonio, su conflictiva relación con aquel pasado.

Pero estas trasposiciones también han logrado producir un escenario inhibitorio en el que todas las opciones de los cautivos están falseadas de antemano, mientras perdura la ilusión de que, aún en situaciones extremas, siempre están al alcance de la mano. El mecanismo de desplazamiento reorganiza, en silencio, las piezas con extremo sigilo; opera agazapado: su espacio vital son los "olvidos". Así, la "voz" del cautivo no puede aparecer en sus actos: está silenciada como tal, pues el mismo sistema se vale de ella y la transforma en instrumento de aniquilación.

*(... Para escribir desde el nodo más tirante de la memoria,
tengo que dejar que estas intervenciones me interrumpan.)*

*(Que atropellen mi palabra escrita —el silencio de mi
palabra escrita—, como si se tratara de un grupo de tareas
que viene a forzar la puerta en mitad de la noche, y*

soportar

precisamente eso:

*la puerta destrozada,
el pánico de la certeza,
el secuestro, la casa revuelta,
el llanto de los familiares testigos...)*

*(¿Tendré que explicar al final por qué es preciso?
No. Me niego. Después de todo, las explicaciones
aparecen siempre al final, cuando ya no son necesarias,
cuando ya existen los muertos que antes
estaban vivos...)*

Es sabido que el prisionero ha contado con un exiguo margen de acción. Levi explica que "en la mayoría de los casos, el comportamiento de los prisioneros les ha sido férreamente impuesto" y que "el espacio de elección (especialmente de elección moral) estaba reducido a la nada..."[26]

Es innegable que el mismo sistema llegó a diseñar los dispositivos necesarios para asegurar el exterminio a gran escala valiéndose de los mismos cautivos, a quienes ha endilgado una culpa que no debiera corresponderles. P. Levi (2006: 513) ha analizado largamente la dinámica propia de las escuadras especiales, y se ha referido a su invención como "el delito más demoníaco del nacionalsocialismo". No obstante, y sin desmedro de lo dicho, queremos aportar una perspectiva que participa de la enunciada por Levi, pero que pretende aportar algunos elementos ligeramente diferentes, aunque sustanciales. Intentaremos caracterizar aquí los desplazamientos que se actualizan cada vez en el testimonio, como así también desarrollar la siguiente hipótesis: que la víctima es, *en todos los casos*, compelida a "aniquilar" a su semejante, y no solo cuando integra escuadras diseñadas especialmente para tal fin.

Es así como ninguna decisión relacionada con el destino propio o el de los compañeros en la situación de cautiverio puede sustraerse a la racionalidad de un sistema que, por un lado, consigue cooptar, incluso, lo imprevisto y transmutarlo en un elemento provechoso que termina nutriendo y aceitando su propia maquinaria; por otro, logra que el cautivo perfeccione la mecánica del exterminio sistemático de seres humanos, la fabricación industrial de cadáveres, y contribuya, en *todos* los casos, al proceso de degradación del otro (y de sí mismo, claro está); objetivo central (en este punto da igual que se trate de los campos de exterminio en Europa o de los centros clandestinos en Argentina) tanto o más, acaso, que la mera eliminación de los prisioneros.

En lo que concierne a los sobrevivientes, podemos decir que los desplazamientos producidos los han confinado a la sobrepresencia de un silencio que llegó a transformarse en la sangre de la palabra dicha. De la no dicha. De la que se dice a medias.

Las opciones del cautivo están silenciadas de antemano.

La palabra del sobreviviente está silenciada de antemano.

---

[26] Levi, P., *Trilogía de Auschwitz*, Barcelona, El Aleph, 2006, p. 509.

La conformación de la *zona gris*: un desplazamiento silencioso

P. Levi (1989) describe la *zona gris* como el espacio ambiguo entre los verdugos indudables y las víctimas del todo inocentes, en el que habitaban los prisioneros que a cambio de una ración extra de pan actuaban como ejecutores o sicarios de los nazis, y los miembros de los llamados *sonderkommandos* o escuadras especiales, prisioneros que se encargaban de llevar a sus semejantes hasta las cámaras de gas, de despojarlos de la ropa o de los dientes de oro; tareas que, por cierto, no los salvaban del exterminio.

La existencia de una *zona gris* es, quizá, una de las derivaciones más siniestras del régimen, no solo porque condena al barro eterno a miles de prisioneros, sino porque también coopta a quienes, en principio, no forman parte de ella. En este sentido podemos afirmar que, en rigor, *todos* integran la *zona gris*, aún esas víctimas "del todo inocentes" de las que habla Levi, porque con su inmaculada victimidad, al separarse de los "traidores", la conforman también como tal. La gran paradoja está dada porque es precisamente su pretendido alejamiento lo que termina por incluirlos en ella. De este modo, acaban siendo tan funcionales como ellos, porque los dejan "en evidencia" al escindirse como individuos ejemplares.

Está claro que con esta aseveración no intentamos culpabilizar, sino todo lo contrario. Procuramos, en cambio, describir una operación que los excede como individuos. Si los culpáramos, terminaríamos incurriendo exactamente en lo mismo que objetamos.

Es así como quienes no llevan a sus compañeros a la cámara de gas también lo están haciendo, porque el hecho de que no lo hagan implica que hay otros, más "débiles", que sí lo hacen. La negación a hacer el "trabajo sucio" (sea por extremada fortaleza, sea por absoluta e irreversible rendición física y moral ante la situación) no puede revestir ningún carácter liberador. Nadie puede salir indemne, no hay espacios potencialmente redentorios. Es así como no hay inocencia posible, ni siquiera en el grupo de los "del todo inocentes", porque su presencia ayuda a generar la culpabilidad de los "traidores". Aquel que pretenda situarse por fuera también será corrompido, porque para diferenciarse "entrega" a los demás al decir: "Yo no soy como ellos". En ese acto reproduce la misma dinámica de la *zona gris*: quien la conforma "entrega" a sus semejantes al llevarlos a la cámara de gas por una ración más de comida, y aquel "del todo inocente" "entrega" al "traidor" en el momento de constituirse a sí mismo como "inocente".

Entonces, no podemos decir que en situaciones tales exista la posibilidad de que algunos conserven la capacidad de crear un espacio emancipatorio, siquiera exiguo, incluso en el estado de subsunción más absoluta, aún a riesgo de la propia vida. Porque esas personas ¿serían acaso más libres? Las otras, ¿más esclavas? ¿Es posible una redención personal cuando se está caminando entre cadáveres? Todo queda de este modo reducido a un sistema de premios y castigos incluso más perverso que un simple esquema conductista de estímulo-respuesta, porque ante un mismo estímulo depende de la capacidad del cautivo (y entonces la atención se desplaza desde el horror infringido a las habilidades individuales con que se cuente para lidiar con él) poder salir "airoso" o perjudicado.

Tal escenario solo genera dos opciones, ambas ominosas: por un lado, ante la rendición interna del preso, el verdugo puede disponer (dispone) a voluntad de su suerte; por otro, si el cautivo encuentra la posibilidad de darse a sí mismo un resquicio de libertad por fuera de la injerencia del represor, no hará más que escindirse respecto de aquellos que no pueden hacerlo, y erigirse, en ese gesto, como una individualidad que puede separarse del resto gracias a sus capacidades personales, situando en ese acto a los demás como "inferiores".

Sobre la muerte de la figura del individuo

"Ellos —los *musulmanes*— son la regla, nosotros la excepción...", explica P. Levi (1989: 72). Cabe preguntarse, entonces, ¿por qué los que han vuelto para contar lo que allí pasó son la excepción? ¿Solo porque salvaron sus vidas y son (en ese sentido) una minoría absoluta? Asumir que, contrariamente a la diversidad en los testimonios que han podido ser articulados, todos los que murieron custodian, como ya ha declarado Levi, una *única* verdad, ¿no equivale, acaso, a repetir simbólicamente el ataque a la individualidad perpetrado por los nazis? Se ha producido otro desplazamiento que ha depositado, nuevamente, la muerte en la boca del testigo: en el acto en que confiere a los *musulmanes* lo que asume como el don de la posesión de un significado general no hace, en rigor, más que eliminar (en abstracto, pues la muerte física ya ha sido consumada) la particularidad de las apropiaciones que cada uno de ellos podría haber producido sobre el horror vivido en carne propia, y acometer una vez más contra esas singularidades ya largamente mancilladas.

Es otra vez la víctima (quien puede testimoniar) la que dispara sobre aquellos que ya han sido fusilados. Se organiza entonces una suerte de *sonderkommando* simbólico que opera desde afuera del *campo* y está integrado, esta vez, por quienes creen estar cediendo, en generoso acto, el verdadero peso de la palabra a los *musulmanes,* al conferirles la potestad de poseer el significado general del *Lager*.

Esta operatoria es muy similar a la que mencionábamos antes a propósito de la *zona gris*: aquí la víctima no puede sustraerse, ni aún fuera del *campo*, a ser el verdugo de aquellos que ya han muerto mil veces. Es que, como señala Levi al evocar aquel sueño que lo asaltaba muchos años después de haber sido liberado de Auschwitz-Birkenau, "nunca se sale del campo". Un sueño que está dentro de otro y que recuerda en *La tregua*[27] como "lleno de espanto"; en el que comienza sintiéndose en un ambiente plácido (con familia o amigos), pero en el que luego todo se cae y deshace a su alrededor, antes de entender lo que eso significa: "estoy otra vez en el *Lager*, y nada de lo que había fuera del *Lager* era verdad" (Levi, 1988: 219).

La vida "normal" post-Auschwitz no sería entonces más que una escenografía dispuesta a derretirse ante la más mínima evocación, una farsa siempre a punto de quedar desnuda.

La libertad como prisión

Suele decirse, a propósito de la tortura que fue practicada sistemáticamente en los centros clandestinos de detención en Argentina, que durante las sesiones algunos detenidos se quebraban y "cantaban", pero que otros lograban soportar estoicos los tormentos sin delatar a sus compañeros. El gran peligro que encierra esta extendida creencia es el

---

[27] Véase LEVI, P., *La tregua*, Barcelona, Muchnik, 1988.

de terminar contribuyendo a la idea de que el cautivo, incluso en una situación extrema, es plenamente responsable por su reacción ante ella.

En la situación límite del cautiverio, el individuo es forzado a llevar todo el peso de la libertad, una libertad que es, sin embargo, decididamente ficticia. Se le hace creer al cautivo que, aun estando inmerso en una situación límite, tiene algún margen de acción, cuando, en rigor, esa libertad aparente acaba por convertirse en su condena, pues es la que permite que se desligue el tormento de quien lo ha ideado y de quien lo ejecuta, y que el foco se traslade al modo en que es recibido (soportado) y a cómo se ponen en juego las fortalezas y debilidades individuales de quien ha de padecerlo.

Es así como el cautivo no es en realidad el amo de sus elecciones, sino que, muy por el contrario, está confinado a una libertad solo aparente, apenas fachada de la más contundente esclavitud: la de tener elidida, *a priori*, toda posibilidad de decisión, dado que cualquier acción lo coloca forzosamente en el lugar de "verdugo", de "traidor", al tiempo que se lo condena a cargar eternamente con esa culpa si es que logra sobrevivir al cautiverio.

De modo que, para algunas cosas, asistimos a la fabricación de cadáveres[28] en masa, pero para otras (¿o son las mismas?) ocurre exactamente lo contrario: presenciamos la más cruda exaltación de la figura del individuo, pues es la manera que el propio sistema ha encontrado (aun de manera tangencial) para inocular en las víctimas su propio horror.

Es que el cautivo ni siquiera está solo determinado a ser víctima, sino que se le otorga también el privilegio de la posibilidad de ser victimario, no solo cuando delata durante la tortura o cuando lleva a sus compañeros a morir bajo los efectos del gas Zyklon-B, sino también cuando se rehúsa a hacerlo.

Entonces, en relación con el momento de la tortura en el que algunos "cantan" pero otros logran no delatar, es el corrimiento del eje del conflicto el que genera esta clase de inferencias, aunque casi nunca confesadas en voz alta: "Si algunos pueden soportarla sin delatar a un compañero, entonces es posible hacerlo", por lo que quienes no lo logran son, por consiguiente, más débiles, traidores. En lugar de exaltar a aquella persona

---

[28] La expresión "fabricación de cadáveres", en referencia a lo que ocurría en los campos de exterminio, había sido ya utilizada por M. Heidegger en 1949, según precisa G. Agamben en *Lo que queda de Auschwitz. El archivo y el testigo. Homo Sacer III*, *op. cit.*

que no se ha quebrado (aunque esta actitud sea igualmente ruin), se reprende a quien no ha podido resistir el tormento.

Se utiliza aquí un criterio darwinista de selección que celebra las bondades del más apto. Pero el mejor, en lugar de destacarse entre la media, es quien establece el parámetro, de manera que todo el resto queda simple e irremediablemente por debajo. El "no poder" termina adjudicándose únicamente a las imposibilidades del individuo, y se exime, una vez más, a los verdaderos verdugos, así como a la circunstancia, de toda responsabilidad. Entonces, además de tener que soportar el tormento, la responsabilidad de la reacción (y de sus consecuencias) también recae sobre la víctima.

Hasta Levi, que se ha preocupado por destacar la arbitrariedad ante la muerte, esto es, de lo imposible que era prever la suerte de los prisioneros, en *Los hundidos y los salvados* (1989) termina explicando cómo ciertas características personales podían incidir directamente en la propia salvación (para lo cual había que, necesariamente, transgredir las normas, y comer más que la ración estipulada, entre otras cosas, como condición *sine qua non* para sobrevivir en el *Lager*), así como en la rendición personal seguida de muerte.

Esa arbitrariedad ante la muerte de la que habla Levi ha jugado un papel clave en el desarrollo de los acontecimientos. ¿Quiénes iban al crematorio? ¿Quiénes, al "traslado", al Pentonaval? ¿Acaso había siempre un claro criterio de selección, o realmente era imposible inferir taxativamente en cada caso el destino de los cautivos? El azar desarrolló su juego mortuorio, y terminó participando de la sistematicidad de los procesos aniquilatorios, incluso más allá de las fisuras del sistema, que, por otra parte, siempre existen.

Sobrevivientes y familiares ante el *desaparecido*

"Me costó horrores ir matándolos de a uno",[29] dice Liliana Gardella, una ex detenida en la ESMA, en el libro *Ese infierno*, en referencia al trabajo interno que debían hacer tanto sobrevivientes como familiares

---

[29] Actis, M., C. Aldini, L. Gardella, M. Lewin y E. Tokar, *Ese infierno,* Buenos Aires, Sudamericana, 2001, p. 103.

52

para trasladar la imagen de los compañeros desaparecidos al casillero de "asesinados". La frase es especialmente sintomática y coincide con lo que decíamos anteriormente en torno a la categoría de *zona gris*, y al silencio-so desplazamiento según el cual las víctimas son forzadas a ocupar un lugar de verdugos aún en los gestos menos aparentes.

Sucede que la figura del desaparecido genera como consecuencia algo atroz: es el sobreviviente el que debe trasladar a su amigo, a su compañero, al lugar de "muerto". Es el sobreviviente el que está obligado a "matarlo", aunque solo sea en su memoria, porque el Estado se detiene (simbólicamente, claro) en la figura del desaparecido y suspende allí, y hacia afuera, el gesto aniquilatorio. Para terminar la ejecución se vale entonces de los sobrevivientes.

Son ellos, entonces, los que están obligados a darles "el tiro de gracia". Deben despedirse de las risas de cada uno de esos compañeros, tan difíciles de dejar ir cuando no se los ha enterrado, ni se sabe puntualmente a qué tormentos se los ha sometido en muchos casos, ni dónde están sus cuerpos. Es entonces (aquí también) la víctima la que tiene que "matar" a la víctima.

En esta operatoria, ¿qué diferencia hay con los *sonderkommandos*, cuyos integrantes eran obligados a llevar a sus congéneres a la cámara de gas?

Omar Pacheco, director de teatro y creador del Grupo Teatro Libre (GTL) ha dedicado buena parte de su producción a tratar con el horror. Es así como estrenó, además de la "Trilogía del horror" (de la que nos ocuparemos más adelante), dos obras también emblemáticas relacionadas con el tema: *Del otro lado del mar*, estrenada en 2005 en el teatro La Otra Orilla, y *La cuna vacía*, estrenada en 2006 en el Centro Cultural de la Cooperación.

En todas las obras de Pacheco aparece el recurso de la repetición mecánica de algún movimiento determinado que hace algún actor en escena, después del cual enseguida viene el apagón. El movimiento vuelve a producirse, idéntico al anterior, idéntico al anterior... ¿O es el anterior? Es que el trauma no puede ser elaborado porque todavía no sabemos dónde están los cuerpos de los desaparecidos, ni han sido restituidos en su totalidad los nietos apropiados. La acechanza del recuerdo se presenta repetitiva hasta el paroxismo. No se trata solo de un mero recurso efectista que un director emplea con el fin de atraer la atención sino de exponer la repetición en sí misma de un recuerdo circular, perpetuo, que vuelve, que es siempre el presente, pero que al mismo tiempo no puede actualizarse. Los recuerdos suelen advenir y actualizarse, integrarse al presente desde la renovada lógica que él les impone. Pero este trauma histórico vuelve, y vuelve, y vuelve. Intacto. Suspendido. Como lo que es: un cuerpo sin tumba.

En *La cuna vacía*, obra del mismo director que recorre la temática de la apropiación de bebés durante la última dictadura militar, también aparece el recurso de la repetición: una escena muestra el acto de robo de un bebé de brazos de su madre, quien responde gritando un silencio con una mueca muda. En la reiteración (la escena se sucede, exacta, varias veces) se podría ver la sistematicidad con la que se operó en la apropiación de niños. Pero no solo aparece aquí una repetición cuyo correlato es la sistematicidad de las prácticas opresivas, sino otra (en realidad, la misma) que se cuela en la manifestación repetida del recuerdo. Una repetición que insiste desde el fondo de aquello que no ha podido elaborarse ni moverse del lugar del fantasma. Es, otra vez, tarea de quien evoca ese recuerdo petrificado ejercer violencia sobre él para transformarlo e inscribirlo en el presente.

Entonces, no solo se le transfiere a los sobrevivientes, a los familiares, un recuerdo repetitivo e igual cada vez, sino también la repetición en sí misma, que se inmiscuye hasta en la mayor intimidad: la remembranza del ser querido. Y para sortear parcialmente esa repetición, son ellos quienes están obligados a trasladar el recuerdo del desaparecido a un lugar nuevo: el de la evocación de un muerto.

Está claro que no se trata de juzgar aquí actitudes individuales, sino de analizar la propia operatoria, y de examinar cautelosamente los resortes de un sistema que restringe el campo de acción de cautivos y sobrevivientes a su expresión infinitesimal, malogrando de antemano cada acto que pretenda ser redentorio.

Es importante recalcar que el hecho de que sea frecuente la utilización de expresiones tales como "víctimas del todo inocentes", "traidores", etc., para referirse tanto a los cautivos en los *Lager* en Europa, como a los de los centros clandestinos en Argentina, indica que para juzgar sus conductas se utilizan los mismos criterios éticos que suelen manejarse por fuera de estos estados de excepción, aún cuando, en rigor, por fuera no exista tal cosa como *un* criterio ético y cuando, además, asistamos ya a la paradoja de vivir de alguna manera en un permanente estado de excepción, tal como explica Agamben.

No pretendemos aquí retomar los debates bizantinos sobre ética que han tenido lugar luego del Holocausto, pero sí nos interesa señalar, al respecto, por lo menos dos cosas: que, desde ya, no es posible mantener las mismas distinciones éticas en estos espacios desaforados, pero, fundamentalmente, que la utilización de tales criterios para situaciones que se han dado en el seno de un genocidio es producto de otro desplazamiento, de un movimiento que reinstala silenciosamente una ética impoluta allí donde ya ha estallado en mil pedazos, y cuya inclusión solo puede redundar en una profundización del sojuzgamiento a cautivos y sobrevivientes. Es así como mantener estas clasificaciones equivale, fatalmente, a seguir reproduciendo un mecanismo que traslada de múltiples maneras la culpa de los verdugos a las víctimas, según el cual ni siquiera aquellos "del todo inocentes" pueden evitar transformarse en verdugos de sus semejantes.

La culpa desplazada

Ya nos hemos referido, a propósito de la reflexión sobre la sustancia aporética del testimonio, a la culpa que, de una u otra manera, manifiesta sentir buena parte de los sobrevivientes. Resulta pertinente en este punto volver sobre tal problema, dado que tiene su origen en un desplazamiento que traslada la culpa de los verdugos a los sobrevivientes, o, mejor dicho, que transforma en verdugos simbólicos a los propios sobrevivientes. En este sentido, abundan los testimonios que, de una u otra manera, explican cómo el simple hecho de haber sobrevivido viene acompañado de la sensación de estar usurpando un lugar que podría pertenecerle a otro, y muchos son los sobrevivientes que hablan de la culpa sentida por "no haber hecho lo suficiente".

En *Lo que queda de Auschwitz*, Agamben recuerda aquellas palabras de Bettelheim: "No se puede haber sobrevivido a los campos de concentración y no sentirse culpable por haber tenido una suerte tan extraordinaria cuando millones de personas como nosotros han muerto, y no pocas veces ante nuestros propios ojos",[30] y sigue: "… con la sensación de que se hubiera podido intervenir, aún a sabiendas de lo poco razonable que hubiera sido hacerlo (…), y sobre todo por sentirnos contentos cada vez que la muerte no nos tocaba a nosotros". Y, como ya hemos recordado,

---

[30] Bettelheim, B., *Sopravivere,* Milano, Feltrinelli, 1991 (3ª ed.); ed. orig.: *Surviving and Other Essays*, New York, Knopf, 1979; ed. cast. *Sobrevivir. El Holocausto una generación después*, Barcelona, Crítica, 1983 (2ª ed.), trad. Jordi Beltrán, citado en Agamben, G., *Lo que queda de Auschwitz. El archivo y el testigo. Homo Sacer III, op. cit.*, p. 93.

E. Wiesel (1975) apunta: "Estoy aquí porque un amigo, un compañero, un desconocido, ha muerto en lugar mío".

El problema de la culpa es ciertamente revelador, pues se configura de igual manera que la *zona gris* a la que ya hemos hecho referencia, dado que el mecanismo silencioso que obliga siempre a la víctima a matar a la víctima se impone aún mucho más allá de su ejercicio efectivo del derecho a no otorgar su consentimiento.

El desplazamiento por el cual la culpa le ha sido conferida como una pesada carga a la víctima permanece silenciado. Si se buscan, en cambio, modos de caracterizar las diversas maneras en que esa culpa se manifiesta en los sobrevivientes, pero no suele ponerse el acento en el proceso que permite que se instale como tal, dado que es ya casi imposible concebir esa culpa separada del sobreviviente, sobre todo cuando ha sido ya tan profundamente incorporada por él al punto de haber fundado con aquella una unidad indivisible: no sería exagerado decir que se ha transformado en su médula.

G. Agamben (2007: 95) cita a Levi: "Se trata solo de una suposición, de la sombra de una sospecha: de que todos seamos el Caín de nuestros hermanos, de que cada uno de nosotros (…) haya suplantado a su prójimo y viva en lugar de él". Levi concluye que nadie ha muerto en su lugar, que nunca se está en lugar de otro, pero sin embargo lo que gravita en buena parte de los testimonios (y que asoma, podríamos decir, incluso en el celoso intento de Levi de señar con contundencia que nadie ha muerto en su lugar) es una sensación de culpa que no cesa, que no mitiga el tiempo, y que escolta fatalmente al sobreviviente sin darle tregua.

Sobre la culpa y la vergüenza que siente el inocente, P. Levi (1988) hace una memorable descripción del día de la liberación de Auschwitz a manos de los rusos en enero de 1945, en la que narra cómo él y sus compañeros de cautiverio descubrieron, en los ojos de los recién llegados, algo que ya habían sentido en el propio cuerpo: "la culpa que siente el justo ante la injusticia cometida por otro", porque, explica, lo que allí había acontecido había sido irrevocablemente incluido en el mundo de las cosas que existen.

Pero los sobrevivientes no se sienten embargados por la culpa o la vergüenza solo por haber sido testigos de injusticias cometidas por otros: también comparten, como ya adelantamos, un sentimiento de culpa que emerge, en palabras de Levi, de "la conciencia de no haber hecho nada, o lo suficiente, contra el sistema por el que estábamos absorbidos" (P. Levi, 1988: 66). Es, otra vez, un desplazamiento el que permite que la culpa, la vergüenza, asalten también a quienes han padecido en carne propia los tormentos, y aún cuando el propio sufrimiento podría haber funcionado como un modo de expiar culpas, que, en principio, jamás deberían haber sido incorporadas como propias.

Sin desmedro de lo dicho, es igualmente imprescindible destacar que la valiosísima escritura de Levi aparece, al mismo tiempo, como un extraordinario esfuerzo por desinvestir de culpa los lugares comunes donde ésta suele ser depositada. Así, sobre Henek, un niño de 14 años que se había convertido en Kapo en el Block de los niños, en Birkenau, encargado de hacer las "selecciones", Levi reflexiona en voz alta: "¿No sentía remordimientos? No: ¿por qué? ¿Es que había otra manera de sobrevivir?" (Levi, 2006). En este sentido, el testimonio de Levi se recorta como un valeroso intento por complejizar cada mínima porción del engranaje, por hablar también sobre la hostilidad entre los presos, sobre sus rangos (cuestiones que, dicho sea de paso, no suelen ser tan iluminadas), por acuñar el concepto de *zona gris* en el deseo de aportar alternativas al modelo maniqueo de los verdugos y las "víctimas del todo inocentes". Aún así, tampoco podemos olvidar la copiosa cantidad de testimonios que hacen referencia de una u otra manera a la culpa sentida. En todo caso deberemos movernos cuidadosamente en la coexistencia conflictiva de tales perspectivas, tan solo contradictorias en apariencia.

Que para la víctima no existan espacios potencialmente redentorios, no solamente quiere decir, como ya hemos señalado, que la creación de un espacio liberador es ciertamente imposible cuando pretende forjarse entre cadáveres, porque la propia inocencia termina contribuyendo a generar también la culpabilidad de los "traidores", sino que, aún si fuera posible encontrar el modo de conservar intactos ciertos principios éticos, tal empresa de todos modos se derrumbaría ante la claudicación ajena, aquella que, tal como dice Levi, hace sufrir al justo, aún cuando esa injusticia no haya sido perpetrada por las propias manos.

Chil Rajchman,[31] sobreviviente de Treblinka, también ha tragado esa culpa: elige no contar lo que le sucedió y para no herir absorbe el daño infringido contra sí y lo transmuta en una amenaza potencial para los demás, ya propia. Es que él también intuye el arma que, producto de un desplazamiento, le ha sido legada. Un arma a la que solo puede acercarse abriendo fuego. Dice: "Ahora sé por qué no quería hablar hasta ahora: no quería volver a sentir lo que sentí en ese momento. Queríamos proteger a

---

[31] Chil Rajchman, nacido en Lodz, fue el único sobreviviente del campo de exterminio de Treblinka refugiado en Uruguay. Murió en 2004.

nuestros hijos, no queríamos hacerles daño contándoles lo que nos había pasado".[32]

Puede leerse en este pasaje cómo el modo en que el dolor es vivido organiza no solo la propia experiencia sino también la relación con la generación siguiente. Pero también es posible notar la aparición de un silencio plomizo ("no queríamos hacerles daño contándoles lo que nos había pasado") allí donde existía la posibilidad del relato catártico. Se edifica en esa decisión una discontinuidad que suspende la comunicación no solo con la generación siguiente, sino también con el propio recuerdo. Una cesura que solo permite la construcción de un lazo exánime entre sobrevivientes y herederos de la tragedia colectiva, y que, a su vez, en lo que refiere a los muertos, solo puede dar lugar a una evocación mutilada de sus presencias, acaso preexistencias que, sin embargo, y aún extintas (o por eso mismo), no harán más que fortalecerse en las perpetuidades a que da origen toda interrupción violenta.

En la decisión del sobreviviente de no contar, en ese silencio-cárcel, se derrumba de alguna manera su posibilidad de *ser-en-el-otro,* posibilidad que solo existe, en el caso del testigo, cuando logra articular su testimonio, pero también cuando ese otro está tendido hacia él, recogiendo y amparando su testimonio imposible.

Rapsodia en agosto,[33] la película dirigida por Akira Kurosawa, explora las secuelas que la bomba que destruyó la ciudad japonesa de Nagasaki el 9 de agosto de 1945 ha dejado en una mujer que perdió ese día a su marido, presenció el enorme hongo de humo y fue víctima de su implacable onda expansiva. La película no solo logra abrevar en múltiples pliegues del mundo interno de una sobreviviente, sino también en cómo aquel formidable impacto se manifiesta de muy diversas formas en la segunda generación; hasta mediante síntomas físicos, acaso "paquetes" que no han podido ser abiertos y se han legado intactos a las siguientes generaciones.

En una escena, dos de los nietos adolescentes de la mujer, en medio de un proceso en el que intentan reconstruir la historia de su abuela, así como hallar indicios que les permitan imaginar aquella ciudad perdida, encuentran, en medio de un frondoso bosque, dos cedros que han sido incinerados por un rayo. Se sientan a reflexionar, a observar desde la quietud del silencio que producen. Los cedros están petrificados, son

---

[32] Esta cita de Chil Rajchman ha sido extraída de una comunicación personal con Rosa Zytner. Véase ZYTNER, R., "De Silencio… Entierros… Desentierros. Reflexiones sobre *El secreto y Testigos*", Revista *Querencia*, N° 5, julio de 2002.

[33]*Rapsodia en agosto* (1991, Japón) de Akira Kurosawa, duración: 99'.

"¡Qué SeD teníamos! El débil murmullo del agUa en los radiadores nos enfurecía: hacía cuatro días que no beBíAMoS y hay un GriFo: encima un cartel donde dice que está prohibido BeBER porque el aGuA está envenenada. "Estupideces", a mí me parece que el cartel es una burla, "ellos" saben que nos morimos de sed y nos meten en una sala, y hay allí un GrIFo, y waSSertrinken verbotten. Yo beBo e incito a mis compañeros a hacerlo, pero tengo que escupir, el AGuA está tibia y dulzona, huele a ciénaga."[1] "... yo estaba sobre una mesa de madera, y después me llevaron a otro lugar, donde había un elástico, una cama turca, y ahí además me MoJarON para ayudar a conducir la electricidad. Y después de la picana en el vientre, en la vagina, en los ojos, en las encías (...) me encerraron en una celda y me hicieron la clásica advertencia de que no tenía que tOmaR AGUa..."[2] "...a veces no les daban ni aguA, y ellos bebían sus propios oRineS..."[3] "...y entonces por qué nos hacen estar de pie, y no nos dan de BeBEr, y nadie nos explica nada, y no tenemos zapatos, ni ropa sino que estamos desnudos con los pies metidos en el aGua, y hace frío y hace cinco días que estamos viajando y ni siquiera podemos sentarnos"[4] "...allí me encuentro en primer lugar a Alejandra, mi hija, que tenía entonces 7 años (...). Alejandra venía con la intención de darme una sorpresa. Yo sabía que ella tenía un problema en la vista (...) y ese día la sorpresa que traía era presentarse (...) con los lentes puestos. Traía las manitos para atrás ocultando el estuche de sus lentes, y al verme en las condiciones que me vio, de alguna manera su corazoncito no quiso agregar, al que yo estaba viviendo, su propio drama. Se le llenaron los ojos de LáGRiMaS y en vez de darme la sorpresa de hacerme cerrar los ojos y cuando los abriera reaparecer con los lentes colocados, cuando vio que empezó a laGrimEAr me mostró los lentes: "Ay papá, qué horrible, estos lentes me hacen LloRar la vista"[5] "...el tiempo transcurre GoTa a gOtA..."[6] "...quien crea que va a vivir está loco, quiero decir que se ha vuelto loco, yo no, yo me he dado cuenta de que pronto habremos terminado, tal vez en esta misma sala, cuando se hayan aburrido de vernos desnudos dando saltos primero con un pie y luego con el otro y tratando de sentarnos en el suelo de vez en cuando, pero en el suelo hay tres dedos de AguA fría y no podemos sentarnos"[7] "...yo, hasta el día de hoy, sigo viéndome atada en esa cama de metal, el aGUA sobre el cuerpo desnudo para que la corriente haga más efecto..."[8] "...el infierno debe ser así, una sala grande y vacía y nosotros cansados teniendo que estar en pie, y hay un GRIFo que goTeA y el agUA no se puede BebeR..."[9] "...en el lugar donde se sentaba la familia vi un CharQuITo sobre la cármica. Imaginé que esas eran LágRImAS de Alejandra. Cuando volví al calabozo te lo pregunté y me dijiste que sí, que había estado LlOrANDo toda la visita. Y te dije que esas lágRiMaS algún día ellos las iban a pagar. Creo que ya están empezando a pagarlas."[10]

Rosencof, M. Fernández Huidobro, E., op. cit., p. 54. Levi, Primo, Trilogía de Auschwitz: El Aleph, Barcelona, 2005, p. 42. Levi, Miriam en VVAA. Ese Infierno. Sudamericana, Buenos Aires, 2001, p. 72. Rosencof, Mauricio, Fernández Huidobro, Eleuterio, Memorias del calabozo, IAE, Montevideo, 1987, p. 8. Levi, P., op. cit., p. 44. Rosencof, M., Fernández Huidobro, E., Memorias del calabozo. Aires, 2001, p. 74. Levi, P., op. cit., p. 42. Rosencof, E., op. cit., p. 42.

blancos como ninguno, están muertos y sin embargo "vivirán" más en su condición de mártires que todos los otros árboles que los rodean. Ellos son el centro de la escena; su muerte por fuera del ciclo natural de la vida es el eje del relato.

Reparamos en ellos, pues de algún modo encarnan precisamente aquello a lo que nos referíamos: una preexistencia (los cedros) que se fortalecerá en las perpetuidades generadas por una interrupción violenta (el rayo; pero, claro, también la bomba; y, siempre, el poder omnímodo). Y en quienes observan esa imagen no puede haber otra cosa que silencio.

¿Qué queda entonces para quienes recibimos los testimonios? ¿El silencio, la mudez? Dejar que hable el otro silencio. Observar desde una mirada fenomenológica que ejerza violencia hacia los propios preceptos residuales. Desde la inauguración de una mirada celeste, infinita. Que anuncie la búsqueda imposible del total despojo, el extrañamiento, y la escucha agudísima de aquel que percibe al otro como si fuera la primera vez, de quien realmente lo escucha y a aquello que intenta decir desde el fondo de su silencio perpetuo.

Ese silencio   que vive   para siempre.
Como los cedros de la película.

Mass-klo, matisklo

"*Mass-klo, matisklo*", balbuceaba aquel niño de eternos tres años a quien P. Levi recuerda en *La tregua* (1988) y que luego de la liberación del *campo* en 1945 a manos de los rusos había sido transferido junto con los demás sobrevivientes al "Campo Grande" de Auschwitz. Sus compañeros lo llamaban Hurbinek. Murió pocos meses después de haber sido liberado. Nunca aprendió a hablar.

Esas dos "palabras" han quedado selladas en la memoria colectiva casi como *el* sonido del silencio. Como si el silencio de Auschwitz respirara enteramente en ellas y el niño fuera su más perfecto centinela.

Pero es preciso reparar en un detalle que no es para nada menor: "*mass-klo, matisklo*" no es *aquel* balbuceo, sino lo que Levi ha podido reconstruir, precaria y dubitativamente, a partir de su recuerdo, con el que articula, apenas, fonemas aproximativos. De manera que estas dos palabras reconstruidas por Levi ni siquiera están en condiciones de reclamar el penoso privilegio de ser la voz del silencio, de constituirse, al menos, como su existencia en estado puro.

Seguramente esa sonoridad se acerque mucho a aquello que Hurbinek ensayaba con su pequeña boca. Pero estar cerca no es estar allí. Estar cerca, en lo que al silencio se refiere (inclusive en lo que a la memoria se refiere), es *no poder estar, nunca, allí.*

(Mass

¿klo?...)

Pero las palabras proferidas por Hurbinek, ¿eran, acaso, *el* silencio? ¿Coincidían punto por punto con aquella suerte de concepto al que Levi hace alusión, o solo lo bordeaban, insuficientes, infructuosas? Es que si pudiéramos tener acceso a los ensayos del niño, si fuese realmente posible estar allí escuchándolo, tampoco contaríamos con la amarga seguridad de estar en presencia de una palabra-lenguaje que nos hablara del silencio, pues si el balbuceo existió fue precisamente porque el niño tampoco pudo encontrarla.

Es posible rastrear en la escritura de autores y sobrevivientes (Levi, Agamben, Steiner, solo para nombrar algunos) el modo en que Hurbinek es evocado casi como *el* titular "privilegiado" del silencio de Auschwitz. Sin embargo, y en contraste con la interpretación más extendida a propósito del niño y sus "palabras", diremos que, muy por el contrario, Hurbinek no ha podido siquiera retener el silencio. Apenas ha logrado merodear alrededor de su espacio, pero nunca reclamarlo completamente.

La gran tragedia del niño consiste en que el habla misma le ha sido negada; y el habla, en lo que a Auschwitz respecta, *es* el silencio. Esto es así tanto para los *musulmanes*, para quienes su habla no es más (no podría ser más) que el silencio más absoluto (no volvieron para contarnos), como para quienes pueden dar testimonio, pero un testimonio que es, como ya hemos visto, apenas testimonio del silencio.

El niño intuye que su posibilidad de hablar el silencio de Auschwitz espera en esa palabra secreta que busca con asombrosa tenacidad, y que podría ser la primera pieza de su lengua. En su obstinada exploración pronuncia sonidos aproximados, hace "experimentos" o, como explica P. Levi (2006: 264), ensaya "palabras articuladas ligeramente diferentes entre sí, variaciones experimentales en torno a un tema, a una raíz, tal vez a un nombre". Levi arriesga un "*mass-klo, matisklo*" para aproximarse a esa palabra secreta de la que Hurbinek está claramente más cerca que nadie, pero a la que tampoco él puede llegar. El niño está también enmudecido, pero no solo porque no puede hablar, sino, y principalmente, porque no puede hablar el silencio.

El corrosivo verso de Celan, que advierte sobre la imposibilidad de testimoniar por el testigo, se vuelve especialmente claro en este punto: Levi intenta contarle al mundo que esas dos palabras *son* el silencio, pero en cambio, acaba por no poder reponer ni siquiera el silencio que, por otra parte, le ha sido vedado a Hurbinek. El desplazamiento aquí está dado porque Levi, en su intento por aproximarse al silencio del niño, y al creer que de algún modo está pudiendo reponerlo en su testimonio, no está más que interponiendo allí mismo un "ruido" (*masss ssss skkkkkkkkkll — ooooooooo?*) con el que oculta de manera involuntaria su imposibilidad de siquiera dar testimonio sobre el hecho de que Hurbinek está, en rigor, impedido de hablar el silencio de Auschwitz.

Tal desplazamiento ocurre, además, en silencio: Levi cree poder "decir" lo que Hurbinek murmuraba. Pero Levi, que sí puede "hablar el silencio" como todo testigo, está irremediablemente silenciado respecto del más terminante silencio del niño, aquel que ni siquiera el propio Hurbinek puede hablar, porque esa palabra-lenguaje (esa palabra-silencio) le ha sido prohibida. Olvidar que hay una tercera palabra, y creer que las palabras de Levi (*"mass-klo, matisklo"*) son su perfecto reemplazo, o, en todo caso, que logran acercarse al silencio lo suficiente, es perder de vista que en lo que refiere al testimonio del horror, las imposibilidades no son parciales, y que perder algo nunca es solo perder algo: es perderlo todo.

Hablamos en este punto de "silencio" también para señalar el sigilo con el que tal desplazamiento ha podido producirse: permanece silenciado el desplazamiento en virtud del cual Hurbinek no puede ser siquiera titular del silencio, sino, apenas, de su imposibilidad. Si existiese algún silencio que Hurbinek pudiera custodiar sería el del secreto de no haber podido, precisamente, custodiarlo jamás.

Así, el fatídico "silencio" de *"mass-klo, matisklo"* está dado porque el niño de Auschwitz no puede hablarnos ni siquiera del silencio. En todo caso, el "silencio" de Hurbinek no es el de quien está por alcanzar la comarca de lo indecible, sino el de quien no podrá jamás llegar a ella, pues hasta el lenguaje-silencio le ha sido negado. De ahí que esté doblemente amordazado: porque no cuenta con la palabra (con el *silen*[*mass-klo!*]*cio*), y porque su única voz es la de un testigo que intenta hablar por él. Pero recordemos: "Nadie testimonia por el testigo..." (Celan, 1999).

Ahora bien, si nadie testimonia por el testigo, ¿no están todos igualmente amordazados por no poder dar cuenta de la voz extinguida? Pero al mismo tiempo ¿no habita acaso en la propia palabra, siempre y fatalmente, el silencio de los otros? La gran paradoja del silencio es que es tan esquivo como omnipresente, tan intransferible como comunitario. Cuando el testigo da su testimonio, está enmudecido respecto de la experiencia del otro. Da testimonio apenas de su propio silencio, pero en ese relato partido está también, y curiosamente, amparando el silencio de todos.

Cuando Levi se propone hablar sobre el silencio del niño, e intenta reconstruir su balbuceo con las palabras *"mass-klo, matisklo"*, en el mismo acto destruye tal posibilidad. Todo lo que el testigo ansíe restituir o evocar, todo aquello que pretenda sacarle de la boca al olvido, acabará por destruirlo como tal. Intentar traer algo de aquello es, siempre, extraviarlo, dado que el testimonio se construye en el instante de la pérdida de la espesura de lo evocado. Cuando decimos "extraviarlo" también aludimos al olvido de que esto efectivamente ocurre; de que evocar nunca es evocar, sino perder, derramar; en última instancia: olvidar la imposibilidad que funda todo testimonio.

Así es como el testimonio de Levi, el lugar donde el silencio del niño podría comenzar a "existir", se convierte, por el contrario, en el lugar en el que esa oportunidad se pierde, porque, como ya hemos dicho, la capacidad de dar cuenta de la densidad del *Lager* solo puede existir en tanto potencia, porque cuando deviene acto, se pulveriza. Lo que se transforma en palabra dicha existe solo en su propia fuga: sea la densidad del horror, sea el silencio absoluto; todo lo evocado puede hacerse presente solo en tanto pérdida de sí.

[***m****h*]

[*h h****a****h h*]

[*h h h h****tis****h h*]

[*h h h h h****klllll****h h h*]

[*h h h h h h****oooo****h h h h h*]

La condena del testigo es inapelable: ella termina constituyéndolo como el verdugo de aquello que se propone presentificar en su testimonio, dado que lo compele a hacer estallar la densidad de lo evocado, a destruirla en el deseo por hacerla aparecer en el relato. La embestida a que está fatalmente obligado el testigo en cada acto evocativo se vuelve patente también en el hecho de que el testimonio sólo puede encontrar su ser precisamente *en* la profanación de la "verdad" del *Lager*, que es el silencio. Así, la palabra del testigo se construye en una violencia primera, que funda el acto de evocación y lo reduce a una instancia en la que el mismo testigo termina por licuar el espesor de lo evocado en el intento por reponerlo.

Pero, insistimos: el testigo ha sido confinado a ese lugar producto de un desplazamiento que excede su voluntad. Su margen de acción está restringido de antemano y la imposibilidad precede cada palabra dicha. Es la condena que se cierne sobre el testimonio a la que hacíamos referencia la que transforma inevitablemente el denodado empeño de los testigos por restituir la voz de los muertos en un arma de doble filo. No obstante, el testimonio debe ser siempre defendido, protegido aún en tales desventuras constitutivas, dado que aún así (o por ello mismo) sigue siendo imprescindible para la creación de una memoria del horror.

El testimonio que se ofrece "por delegación"[34] es en realidad, siempre, testimonio de la pérdida, de la imposibilidad de la evocación, del deshielo incontenible de un recuerdo esencialmente fugitivo. Es así como la oportunidad de que el niño abrace su lenguaje-silencio al menos en las palabras de Levi (por ser aquel ya el único espacio en que "vive"), estalla para siempre en ellas, pues son también el lugar en el que esa posibilidad se extingue, dado que el testigo está impedido de dar testimonio por él.

P. Levi (2006: 274), en su encomiable afán por honrar el coraje de aquel niño "que había luchado como un hombre", termina por destruir la última posibilidad de que Hurbinek sea dueño, al menos en palabras ajenas, de su silencio, acaso *el* idioma del *campo*. El testigo, otra vez, y como cada vez, está acorralado.

"Nada queda de él: el testimonio de su existencia son estas palabras mías", destaca Levi. Pero es precisamente en ellas en las que Hurbinek, el niño de Auschwitz, no ha dejado de morir.

El silencio como empobrecimiento

Como ya hemos dicho, J. Derrida (1996) repara de varias maneras en la condición paradójica del testimonio y escribe: "En cuanto es confirmado, un testimonio ya no es confirmado *como* testimonio". Al respecto,

---

[34]Así se refería Levi al modo en que su testimonio oficiaba de "voz de los muertos". Al respecto explicaba: "Nosotros hablamos por ellos, por delegación". Véase Levi, P., *Los hundidos y los salvados, op. cit.*, p. 72.

Forster explica cómo el testimonio, aquello que no debe ser absolutamente confirmado, es incorporado a lo verificable, a la regla científica. En este sentido, podemos afirmar que el procedimiento por el cual algunos sectores del ámbito científico reducen el testimonio a una "constancia histórica" es análogo al que señala Alejandro Kaufman[35] cuando alerta respecto del empobrecimiento de la esperanza que supone reducir la lucha por la memoria a reclamos meramente judiciales.

Tal como observa Kaufman, el sentido común ha terminado por alimentar el paradigma punitivo, esto es, ha concentrado el reclamo de justicia solo en torno al deseo del juicio y castigo a los genocidas. "No se advierte la parcialidad e insuficiencia de la punición. El esfuerzo necesario para exigir la punición agota las energías que requeriría disponer el espíritu para un marco más amplio. La punición, al aparecer como utopía, cierra el horizonte y empobrece la esperanza", explica. Se reduce, entonces, el testimonio a su mero registro por un lado, y por otro, el reclamo de justicia al deseo colectivo de la cárcel común para los genocidas.

En ambos casos, lo que se pierde de vista no es solo aquello que está faltando, sino el mecanismo de desplazamiento que opera para que tales reducciones se produzcan, y que permite que una figura mutilada logre presentarse como una totalidad sólida y compacta. Así, y como ya hemos señalado a propósito del "derrame" en el que se constituye todo testimonio, no se advierte que donde pareciera haber una reducción, un empobrecimiento, no hay otra cosa que una pérdida integral. Un olvido (otro más) en el que la muerte encuentra su lugar.

Es que el terrorismo de Estado, con la impronta irreparable que dejó luego de diezmar a toda una generación (ya sea por desaparición física, exilio, o por haber diseminado el terror entre los que quedaron) nos ha dejado una comunidad agónica, que no solo no se puede replantear en profundidad la existencia misma de un sistema carcelario (ni sus implicancias), sino que además termina reclamándolo y defendiéndolo con vehemencia, y concentrando en esa empresa buena parte de la energía militante.

R. Forster (2000: 85) ha notado ya la tenaza que aprisiona el nombre de Auschwitz: que tanto Adorno como Celan "se mueven en el interior de la onda expansiva de una barbarie que dejó el habla racional no solo sin argumentos emancipatorios sino, más grave aún, la comprometió con la barbarie". En el mismo sentido, Jorge Goldszmidt arriesga, a propósito del

---

[35] Kaufman, A., "Notas sobre desaparecidos", *Pensamiento de los Confines,* N° 4, FCE, julio de 1997, p. 29.

que fuera el único texto escrito en prosa por Paul Celan, llamado *Conversación en la montaña*, que allí el poeta puede haber estado diciéndole al "Judío Grande" (Adorno): "¿Por qué entonces dices que después de Auschwitz, nosotros los despojados, los asesinados, los humillados hasta la destrucción, podemos ser bárbaros por escribir poesía?"[36]

El desplazamiento que abrió la posibilidad de que el habla racional haya quedado comprometida con la barbarie, o de que los humillados puedan ser vistos como "bárbaros por escribir poesía", funciona del mismo modo que aquel que llevó a las víctimas "del todo inocentes" de las que habla Levi a colaborar para estigmatizar a los miembros de los *sonderkommandos* como "culpables". Así es como termina siendo precisamente el distanciamiento de esas "víctimas del todo inocentes" respecto de los "traidores" lo que trágica y paradójicamente las acerca, las amalgama, las confunde con ellos.

Entonces, el habla racional no solo no puede esgrimir argumentos emancipatorios, sino que además ha quedado comprometida con la barbarie. Aquel "del todo inocente", no solo no puede encontrar un espacio propio de redención (ya hemos dicho que no es posible una redención personal entre cadáveres), sino que además su "victimidad" también genera la culpabilidad de los "traidores". El sobreviviente de los centros clandestinos de detención en Argentina no solo no ha podido salvar a sus compañeros, sino que además se le ha transferido el deber de terminar el proceso, es decir, de asesinarlos simbólicamente en el recuerdo ante la figura inasimilable del *desaparecido*. Y el testigo no solo no puede dar testimonio por los muertos, sino que, en su generoso gesto de identificarlos como custodios de *la* verdad del *Lager*, finalmente está atentando contra la individualidad del *musulmán*, al instituirse como parte de un *sonderkommando* simbólico que sigue operando aún mucho después de la experiencia del *campo*, pues, en definitiva, y como observa Levi, nunca se sale realmente de él.

---

[36] GOLDSZMIDT, J., "Desencuentros", *Pensamiento de los Confines*, N° 8, FCE, primer semestre de 2000, p. 73.

PARTE 2:
RECORDAR EN LA TRAMPA
DE LA MEMORIA

Sobre la amenaza de la memoria

Contamos con la certeza de que lo que ha ocurrido alguna vez habrá de repetirse, ya sea en un hecho concreto que encontrara en el pasado una fuente de inspiración o, al menos, como recuerdo. Sin embargo, es posible que si descansamos en una insistencia obcecada en un recuerdo que no cuestione sus propios mecanismos terminemos destruyendo lo que de él es preciso proteger.

El imperativo que insiste en la necesidad del recuerdo colectivo del pasado no nos exime del peligro de olvidar incluso aquello que se recuerda, y sin embargo sí puede arrojarnos a un riesgo aún mayor: el de creer que el recuerdo del pasado impide su regreso. Tal encerrona no se resuelve concibiendo la memoria como un fin en sí mismo, pero tampoco utilizándola como un medio con arreglo a otros fines. De manera que resulta imprescindible volver sobre la terquedad de tal imperativo, porque así planteado, además de conducirnos a una recreación refleja de un pasado que tiende a disecarse produciendo formas cada vez más definitivas, supone, además, un peligro que es aún peor que el olvido: el olvido de la gran aporía de la memoria.

Pero, en este precario contexto que por sobradas razones hay que proteger y amparar sin más, ¿cómo decir que la memoria no solo no es inocente sino que aporta ideas, sella para siempre en el imaginario social nuevas formas del horror, instala y fija en el *posible* ultrajes antes inusitados?

¿Cómo afirmar que Auschwitz ha sentado precedente, y que su recuerdo ha contribuido a que los genocidios que lo sucedieron bebieran todos, sin excepción, de su agua prohibida, del mismo modo en que el propio Auschwitz no hubiera sido lo que fue de no haber ocurrido antes, por ejemplo, el genocidio armenio a manos de los turcos en los comienzos del siglo xx?

¿Cómo decirlo sin que allí se adivine, en modo alguno, una secreta connivencia con el horror, sino, y muy por el contrario, una advertencia desesperada que pretende alertar sobre el hecho de que la memoria también tiende a solidificarse como un acervo abultado y demasiado disponible de crímenes?

¿Cómo apropiarnos de la palabra "olvido" para disparar en ella un temblor que logre abrirla a otras resonancias, cuando ha sido, siempre, nuestra enemiga más infame? ¿Y cómo advertir sobre las espinas de la memoria, cuando tantas penurias ha tenido que sufrir para instalarse como una necesidad que ha logrado ya ser reconocida como tal por buena parte del cuerpo social, ayudada por los que queremos honrar la memoria de los muertos?

Aún en este escenario, la memoria no puede menos que ser construida, y crecer, más que *a pesar de* lo dicho, *en* esa falla originaria, en el desplazamiento que la posiciona como verdugo y la arranca del lugar de mensajera del horror para transformarla en la carnadura misma del horror.

La morada de la memoria

R. Forster (2000: 85) se ha referido a la poesía de Celan como aquella que "aparte de rodear lo monstruoso busca preservar la memoria de los muertos". Pero preservar la memoria de los muertos para quien ha dicho que no puede testimoniarse por el testigo probablemente implique que la memoria, que suele entenderse como el esfuerzo por la transmisión intergeneracional, como el reclamo individual y colectivo de tallar un camino común desplegado en una dimensión temporal, esa memoria, después de Auschwitz solo puede reclamar para sí un silencio intransferible, la imposibilidad de la transmisión. Y aquí hay, además, un desplazamiento que se oculta en su propio silencio: no se advierte que la memoria del horror no es el relato comunitario, compartido, fraternal aún en su mutilación inevitable, sino que es apenas un lazo entre las tumbas, la nuda soledad, la más íntima.

Cabe preguntarse en este punto cómo debería darse el proceso de elaboración de una memoria del horror. Sabemos que ese proceso no puede emanar de algo tal como la suma de los testimonios; ningún registro científico tanto en su pretensión de exhaustividad como de constatación de lo relatado puede dar cuenta de su "verdadera" sustancia, puesto que, como alerta Derrida, cuando el testimonio es confirmado, ya no es confirmado *como* testimonio (Forster, 2000: 78).

*(Cuando la memoria cree ganar su batalla
al conformarse como reconstrucción o recuerdo del horror,
cincela en piedra su propio epitafio.)*

(En piedra...)

La construcción de una memoria del horror, como no podía ser de otra manera, no está en modo alguno exenta de las imposibilidades, los silencios y los desplazamientos que atraviesan tanto al testimonio como a las aproximaciones estéticas a la cuestión del horror.

Del mismo modo en que el testimonio nace *en* su propia imposibilidad, y tal como dice J.-L. Nancy (2003) a propósito de lo que llama la "representación prohibida" en tanto es el sujeto de su propia retirada, la memoria del horror se construye en su propia fuga. Y así como el "yo" del sujeto hablante se construye en el testimonio siempre emplazado en un "otro", la memoria del horror se configura en su exterioridad, en su eterna adyacencia. Es por eso que no puede ser memoria de los vivos; en cambio, está conminada a forjar su espacio entre los cadáveres (en el mejor de los casos, recordemos que en Argentina no hay cadáveres sino *desaparecidos*), a merodear entre ellos como un ánima que, en silencio, los enlaza.

La memoria del horror no puede ni siquiera ser el frágil puente entre el vivo y el muerto; por el contrario, es una intimidad que mora *entre* los sepulcros (otra vez, en el mejor de los casos). Sobrevivientes, testigos, familiares de los muertos del Holocausto y de los desaparecidos de Argentina, hijos y nietos que han sido depositarios siempre imperfectos de la pesada carga genealógica, asisten a una construcción de memoria que solo podría encontrar un espacio por fuera de ellos, entre las tumbas, y a la que se accedería solo parcialmente y a partir de dilaciones, de recurrentes desplazamientos, de desencuentros.

Ellos, los vivos, solo podrán construir memoria en tanto y en cuanto den paso a una instancia creativa que se disponga a producir otra memoria, subsidiaria, que la nombre, pero que no coincidirá jamás con aquella, a la que no podrá palpar jamás. Acercársele no es, de ninguna manera, llegar a tocar esa "tumba en el aire".[37] La imposibilidad de que los vivos construyan una memoria propia, capaz de trascender el intento siempre frustrado de trabajar con aquella otra, que es, además, inaccesible, supone otra ablación, otro pesado silencio que gravita ineluctablemente en cada intento.

La memoria vive bajo tierra, pero también ronda aquella "tumba en el aire" que los judíos cavaron y cavaron, y en la que finalmente ya no estarán "apretados" según la certera pluma de Celan. Aquella imagen que suscitan estos legendarios versos de "Todesfuge" —acaso su poema más conocido—, nos arroja demasiado cerca de los "vuelos de la muerte", con

---

[37] Véase "Todesfuge", en CELAN, P., *op. cit.*

una precisión que vuelve casi inconcebible que el poeta se haya suicidado en 1970 sin haber conocido esta figura del horror.

La mayor aproximación a la memoria del horror se da entonces en aquellos espacios (el artístico, el testimonial) donde las imposibilidades son magnificadas, enriquecidas; pues en esa errancia múltiple puede haber un nodo, un parpadeo que sugiera, aunque sea en la imposibilidad (en el silencio de ambas partes) un espacio un poco más cercano a esa memoria, pero que sin embargo no coincidirá jamás con ella.

"Preservar la memoria de los muertos" implica sugerir, para quien ha dejado en claro que "nadie testimonia por el testigo", que esa memoria, para que pueda ser tal, debe pertenecer a los muertos. Pero ¿no estamos acaso en este punto en presencia de un desplazamiento, dado que siempre se pretende transferir esa memoria al mundo de los vivos y en tal gesto se vulnera esa intimidad, al profanar el espacio en el que habita a fin de extirparla de allí?

Es a las propias familias, o incluso a los mismos sobrevivientes a quienes les ha sido negada la posibilidad de construir una memoria del horror por fuera de la determinación que los obliga a "violar" simbólicamente esa intimidad en la que ella yace para siempre. Así, la víctima es, otra vez, y aún ya estando fuera del *campo*, constreñida a ser el verdugo de sus congéneres. Además, esa memoria es inaccesible; cualquier intento por atisbarla no podrá coincidir nunca con ella, aunque sí se podrán trazar espacios adyacentes que la ronden, que logren avistar, a lo lejos, algo de su forma.

Es que si los que murieron no pueden contarnos, y los que sobrevivieron están enmudecidos, ¿dónde anida la memoria? ¿De qué está hecha? ¿Ella es, acaso, la recuperación dislocada que hacen los vivos del recuerdo de un grupo social diezmado? ¿O es una sustancia que bulle entre los muertos, y que por su irreparable distancia con los vivos finalmente se crea a sí misma como una intimidad *entre* sepulcros, que solo en tanto lejanía perpetua puede ser parte de la voz de los vivos? La construcción de la memoria del horror, ¿no se construye acaso desde esta imposibilidad originaria, desde este corrimiento?

No solo el pasado:[38] la memoria *también* pertenece a los muertos. Toda creación posterior de una memoria del horror en manos de los vivos

---

[38] La frase aludida es "El pasado pertenece a los muertos", de Wiesel. Véase Wiesel, E., "For some measure of humility", en *Sh'ma. A Journal of Jewish Responsability* N° 5, 31 de octubre de 1975, p. 314, citado en Agamben, G., *Lo que queda de Auschwitz. El archivo y el testigo. Homo Sacer III, op. cit.*, p. 33.

será un intento por rozar aquella memoria primigenia, enterrada, puro silencio, a la que no se accederá nunca de manera completa. Ella se constituirá, inevitablemente, y aún en la transmisión intergeneracional (y porque el silencio se desplaza y usurpa también la voz de los vivos), como un diálogo entre los muertos.

Sin embargo, y así como a lo largo de este recorrido hemos reconocido la necesidad del testimonio aún en su imposibilidad, es preciso reclamar de igual manera la construcción de una memoria que encuentre en esa imposibilidad su condición de posibilidad, aunque se constituya solo a partir del intento por abrevar en aquella otra, que permanece siempre distante.

Así como compartimos con G. Agamben (2005: 31) la aseveración que indica que guardar silencio respecto de Auschwitz implica conferirle el prestigio de la mística, y en tal gesto contribuir a su gloria, o aquella otra advertencia de J.-L. Nancy (2003) acerca del peligro de contribuir a un misticismo idólatra de lo inefable, la construcción imperfecta de una memoria del horror es, aún en su condición de lejanía perpetua respecto de la que habita con los muertos, irrenunciable. La identificación de la imposibilidad no puede dar lugar, de ningún modo, a la rendición ante "lo sublime",[39] sino al permanente trabajo con su ingrata, esquiva arcilla.

---

[39] El concepto ha sido desarrollado primero por Kant en su *Crítica del juicio*, y luego retomado, entre otros, por Lyotard en sus *Lecciones sobre la analítica de lo sublime*, esta vez aplicado puntualmente a la representación del horror. Sería imposible internarse en la profundidad de tal concepto dada la extensión de este trabajo, de modo que solo lo sugeriremos.

Parte 3:
A propósito de la (im)posibilidad de un acercamiento estético al horror

La pregunta por la posibilidad de un acercamiento estético genuino, crítico, a la cuestión del horror, ha generado interminables debates en torno a las dificultades que presenta. Es que la relación entre arte y memoria ha sido, a lo largo de las últimas décadas, múltiple y compleja, y ha estado atravesada por las limitaciones que el horror le ha impuesto a la representación. Luego de que Auschwitz significara, a un mismo tiempo, el fracaso de la cultura y la ejecución de la representación, en esta parte intentaremos retomar problemáticamente tanto la perspectiva del teórico alemán Theodor Adorno como la del poeta rumano Paul Celan. Ambas posturas nos permitirán analizar algunos aspectos relativos al destino del arte tras el Holocausto, para lo cual nos centraremos especialmente en los impedimentos a que está sujeta desde entonces toda aproximación estética a la cuestión del horror.

Nos proponemos delinear, entonces, algunos problemas que derivan del concepto mismo de representación, para lo que recuperaremos, brevemente, diferentes perspectivas que han sido debatidas luego del exterminio sistemático de seres humanos en los campos de concentración nazis, y que cobran especial fuerza en nuestro país luego de la dictadura militar que comenzó en 1976.

Analizaremos dicho escenario, solo inabordable *a priori*, desde la idea de la posibilidad *en* la imposibilidad, tal como lo hemos hecho con el testimonio. De esa idea se desprende una de las afirmaciones que sustentan este recorrido y que retomaremos más adelante: que el arte, aunque haya integrado aquella cultura que luego del campo de concentración devino en la barbarie que la promesa ilustrada pretendía erradicar, se erige, luego del exterminio, y desde su propia ceniza, como un lenguaje propicio para interrogar el silencio que han dejado los genocidios que tuvieron lugar durante el siglo xx. De esta manera, trabajaremos con una concepción del arte como un lenguaje que ha sobrevivido a su propia clausura, precisamente porque su condición agónica le ha conferido el elemento clave para construir una relación posible con el horror.

Algunas consideraciones sobre *aquella* frase de Adorno

"Escribir un poema después de Auschwitz es un acto de barbarie, y este hecho afecta incluso el conocimiento que explica por qué se ha vuelto imposible escribir poemas", dice T. Adorno en *Prismas* (1962: 29).

Antes que nada, una salvedad: intentar explicar el *dictum* adorniano es no poder hacerlo, es caer en el torbellino que fagocita el intento, es ser presa de la última parte de la frase, a menudo la más olvidada. Pero tendremos que manejarnos *en* esa trampa, o más bien *desde* ella, del mismo modo en que la acepción del silencio con la que trabajamos aquí alude a una imposibilidad en la que, sin embargo, es dable atisbar un viso de posibilidad, aunque solo *en* y *por* ella.

Pero volvamos a las palabras de Adorno: "Auschwitz demostró irrefutablemente el fracaso de la cultura. El hecho de que Auschwitz haya podido ocurrir en medio de toda una tradición filosófica, artística y científico-ilustradora encierra más contenido que el de ella, el espíritu, no llegara a prender en los hombres y cambiarlos. En esos santuarios del espíritu, en la pretensión enfática de su autarquía es precisamente donde radica la mentira. Toda la cultura después de Auschwitz, junto con la crítica contra ella, es basura. (…) Quien defiende la conservación de la cultura, radicalmente culpable y gastada, se convierte en cómplice; quien la rehúsa fomenta inmediatamente la barbarie que la cultura reveló ser. Ni siquiera el silencio libera de ese círculo…"[40]

Asimismo, Forster explica que "lo despiadado del análisis de Adorno, su escritura condenatoria, implica que el universo concentracionario imaginado e implementado por los nazis contamina al conjunto de la cultura",[41] y agrega: "como si la extraordinaria promesa ilustrada, aquella que soñaba con una sociedad definitivamente liberada de oscuras y bárbaras ataduras, hubiera encontrado en la lógica del exterminio masivo de seres humanos su más absoluto mentís".

Lo que nos interesa rescatar de estas citas imprescindibles es, desde ya, la brutal advertencia respecto del fracaso de la cultura, y el modo en que eso impregna incluso cualquier reflexión en torno a ella. Pero también, y fundamentalmente, algo que no suele atribuírsele a T. Adorno pero

---

[40] ADORNO, T. W., *Dialéctica negativa*, trad. de J.M. Ripalda, Madrid, Taurus, 1992, p. 367.
[41] FORSTER, R., "Después de Auschwitz: la persistencia de la barbarie", en *La Liebre Libre*, marzo de 2006.

que de algún modo ya podemos leer en sus afirmaciones: que en la imposibilidad puede anidar la posibilidad, y que, tal como indica Gilles Moutot, el teórico no identifica una "imposibilidad" sino, más bien, "un horizonte de imposibilidad". Es por eso que hemos reparado también en otros pasajes en los que Adorno produce algunas afirmaciones que complejizan aquello que es (y ha sido, a menudo) interpretado como la mera identificación de una imposibilidad.

El teórico de la Escuela de Frankfurt señala en *Dialéctica negativa* (1992: 113) que "el pensamiento que quiere pensar lo inefable renunciando al pensamiento, lo falsea convirtiéndolo en lo último que querría: en el absurdo de un objeto abstracto". De manera que, aún cuando subraye enfáticamente que "toda la cultura posterior a Auschwitz, incluyendo la crítica de ella, es basura", no está diciendo (ni siquiera aquí) que haya que renunciar a pensar sobre Auschwitz, incluso cuando toda reflexión esté condenada ya desde su génesis. En cambio, está presente en él la necesidad de no renunciar al pensamiento, aun cuando aquello a ser pensado sea inefable. En el mismo sentido, Gilles Moutot precisa en su libro *Adorno, lenguaje y reificación*[42] que si su propósito hubiera sido realmente pronunciar esta pretendida "prohibición", se comprende mal por qué Adorno dedicó tanta energía a escribir sobre literatura y arte en general.

Cuando T. Adorno (1992: 365) explica que "si la dialéctica negativa exige la reflexión del pensamiento sobre sí mismo, esto implica palpablemente que, para ser verdadero, tiene, por lo menos hoy, que pensar también contra sí mismo", y que, "de no medirse con lo más extremo, con lo que escapa al concepto, se convierte por anticipado en algo de la misma calaña que la de la música de acompañamiento con que las SS gustaban de cubrir los gritos de sus víctimas", está diciendo algo que va en el mismo sentido.

El concepto que se presenta como fundamental para comprender la apreciación adorniana de la posibilidad (o imposibilidad) de la poesía y de la teoría "después de Auschwitz" —explica G. Moutot (2005: 97)—, es el de reificación. Así, escribe que allí donde se enuncian *a la vez* la imposibilidad de la poesía y la precariedad de esta misma afirmación, "se trata de registrar que cuando el círculo de la reificación se ha vuelto la clausura de los alambrados de los campos, cuando la 'construcción de mataderos humanos'[43] ha convalidado definitivamente 'la indiferencia de la vida de todo individuo' (…), cuando por último, incluso la 'lengua materna' (*Mutterprache*) ha devenido la 'lengua de los asesinos' (*Mordersprache*) (…)

---

[42] Véase Moutot, G., *Lenguaje y reificación*, Buenos Aires, Ediciones Nueva Visión, 2005.
[43] Adorno, T. W., *Minima Moralia*, Monte Ávila, Caracas, 1975, p. 60.

no es lícito creer en una inocencia del lenguaje". Y P. Celan (1999) se pregunta… ¿cómo escribir, madre, en la lengua de tus asesinos?

Es indudable que cuando Adorno habla de la imposibilidad de la poesía después de Auschwitz (imposibilidad que se hace extensiva también al discurso teórico mismo, como resalta Moutot), se está refiriendo a la poesía en general (también al arte, a la cultura) y no solo a aquella que se proponga hablar puntualmente del horror, pues las encerronas que identifica exceden las dificultades de una aproximación específica (aunque, claro está, las incluye). Hecha esta aclaración, nos interesa lo dicho por Adorno en tanto pueda ayudarnos a reflexionar en torno a la posibilidad (y a la imposibilidad) de un acercamiento estético a la cuestión del horror, se llame éste Auschwitz o la ESMA.

G. Moutot nos ofrece una relectura de la célebre frase de Adorno en *Prismas* (2005: 97-98) y exige cautela al momento de pensar en aquel *dictum* como una fatalidad del orden de la "imposibilidad". En este sentido explica que "en el movimiento aporético, por el cual la prohibición enunciada llega a afectar la instancia de la enunciación misma, la extraña proposición de *Prismas* no se propone 'decretar una imposibilidad' (…), sino más bien describir el horizonte de imposibilidad común a la poesía y a la teoría (la 'crítica de la cultura' y, más ampliamente, todo discurso filosófico)".

Entonces, tal imposibilidad alude, más que a una obstrucción en términos absolutos, a que el cambio del estatuto de la cultura es irreversible, y ya no es posible escribir como antes de lo que significó la "solución final" sin caer en una complicidad con los genocidas y con un estado de cosas que posibilitó no solo un *Auschwitz*, sino también la connivencia del grueso del pueblo alemán, que no supo/pudo/quiso evitarlo.

En su libro *Dialéctica negativa*, T. Adorno (1992: 287) explica que "ninguna palabra (…) conserva no transformada algún derecho después de Auschwitz". No transformada. Es claro que la identificación de una posibilidad de "transformación" de la palabra no es necesariamente contradictoria con su imposibilidad, o, mejor dicho, ambas coexisten en un movimiento dialéctico. Quizá no exista para la palabra otro horizonte que el de nacer muerta, aún en su intento de salir de aquel "círculo de la reificación" al que se refería Adorno, y del cual ni siquiera el silencio o el mutismo pueden escapar. Sin embargo, y sin que ello implique una mirada ingenua respecto de las tenazas del lenguaje, es menester acudir al intento de Adorno de "hablar *según* Auschwitz". Como nota G. Moutot (2005: 98), "si no se da esa *transformación*, tanto la poesía como la teoría son igualmente imposibles —y bárbaras en tanto persisten en ignorar esa imposibilidad— *después de Auschwitz,* si no consiguen hablar *según* Auschwitz".

Es que, como ya hemos dicho, hablar *desde* la tenaza (*desde* el silencio) no equivale a callar, pues el silencio al que nos referimos aquí no es aquel que también forma parte del "círculo de la reificación" del que habla Adorno, sino que alude más bien a la conciencia exasperada de que solo es posible la conformación de un otro espacio luego de asumir la aporía en que viven desde entonces tanto el lenguaje artístico como el teórico.

Es preciso reparar en una frase de T. Adorno (1992: 362) en *Dialéctica negativa*, y que ha dado lugar, muchas veces, a equívocos. Allí dice que "la perpetuación del sufrimiento tiene tanto derecho a expresarse como el torturado a gritar; de ahí que quizá haya sido falso decir que después de Auschwitz ya no se puede escribir poemas". Sin embargo, este pasaje no implica en modo alguno una revisión crítica de su postura a propósito de las cenizas de la cultura, que tanto se preocupó por identificar. Es, en todo caso, un permiso paternalista de quien aprueba apenas una queja y da lugar a un desahogo orgánico, necesario, ante lo que se presenta como inmodificable. Este pasaje no es, de ningún modo, una enmienda respecto de lo dicho, como suele pensarse, porque los problemas por él identificados persisten, aún en esa frase, que no los resuelve ni pretende hacerlo.

En todo caso, el "horizonte de imposibilidad" al que se refiere Moutot para diferenciarlo de la lisa y llana "imposibilidad" con la que suele identificarse la célebre frase de Adorno, podrá ser contrastado con una palabra que eventualmente logrará tener algún derecho a ser pronunciada solo si habla *según* Auschwitz, y que, además, si no es modificada, no tendrá tal "derecho". Allí puede haber, entonces, un horizonte de posibilidad *en* la imposibilidad, pero el pasaje en el que Adorno parece "rectificarse" no hace en realidad más que confirmar el horizonte prohibitivo en el que desde entonces tendrá que desenvolverse el arte, incluido aquel que pretenda ser "del horror".

Sandra Lorenzano, en su escrito "Lenguaje e imágenes balbuceantes",[44] a propósito de esta supuesta rectificación de Adorno, arguye que la lectura del poema "Todesfuge" de Celan había llevado al teórico a pensar que tal vez sí, y a pesar de todo, seguía existiendo la poesía después de Auschwitz. Asimismo, J. Goldzsmidt (2006: 76) recuerda que José María Pérez Gay, en las notas de su antología, afirma que la aclaración aludida

---

[44] Lorenzano, S., "Lenguaje e imágenes balbuceantes", *Revista de la Universidad de México*, marzo de 2006.

se debió efectivamente a la lectura de "Todesfuge". Sin embargo, como ya dijimos, el pasaje de Adorno no constituye en modo alguno una revisión crítica respecto del núcleo duro de sus afirmaciones, que no ponen en duda la existencia de poemas después de Auschwitz sino que se refieren al cambio definitivo de su estatuto.

Recapitulando: la "prohibición" de Adorno es la de quien ha advertido que no hay manera de salir del "círculo de la reificación", pero el autor de ningún modo está exhortando al silencio, no solo porque no cree que esté exento de ese círculo, sino y principalmente porque es menester reflexionar sobre Auschwitz (aunque no de cualquier modo: solo "según Auschwitz"), y aún cuando no solo la cultura después del Holocausto, sino también la crítica sobre ella, sean "basura".

En rigor, el imperativo alude a la necesidad de poner en duda todo aquello (no solo la poesía sino también la teoría, como apunta Moutot) que no ha advertido la imposibilidad, y que no ha colocado su voz en el "después de Auschwitz". En palabras de Nancy, si el pensamiento no es puesto a prueba, la sombra de Auschwitz "compromete el futuro de nuestros pasos".[45]

Reflexionar en torno a la posibilidad de un acercamiento estético al horror, tratar con el silencio siempre a partir de la certeza de su presencia, considerar tanto al arte como al testimonio como dos espacios lingüísticos que tienen la capacidad de *hacer hablar* al silencio en lugar de rendirse ante él, son algunas de las principales premisas que animan este recorrido. Y ellas no se sitúan en un plano tan diferente a estas aseveraciones; más bien las reclaman, trabajan con y hacia ellas.

Unas palabras sobre el silencio en Paul Celan

Muchos autores se han referido ya a la incomprensión que Primo Levi muestra con respecto a la poesía de Celan, por haber entendido el balbuceo del poeta como un estertor propio de un moribundo y no haber descubierto que alcanzaba la espesura precisamente en esos tartamudeos, en, podríamos agregar, una suerte de cercanía, casi deberíamos decir de "intimidad" que lograba, aunque solo en términos absolutos, es decir,

---

[45] Véase NANCY, J.-L., *La experiencia de la libertad*, Barcelona, Paidós, 1996, p. 139, citado en FORSTER, R., "Después de Auschwitz: la persistencia de la barbarie", *op. cit.*

El silencio como palabra

(Para hablar del horror es preciso

aceptar que aún tenemos la muerte zumbando enla boca,

y que la palabra que pronunciemos deberá, necesariamente,

abrirse paso en ese aleteo,

e irrumpir temeraria, aún trémula, desesperada.)

sin ser compartida con la presencia próxima de un otro. Es que en lo que a Auschwitz respecta no podemos hablar de una intimidad con aquello que resulta, en definitiva, inaccesible, pero que no obstante se busca y casi se encuentra (*casi* y *nunca* son, en este punto, términos idénticos). Hablamos de una intimidad que no es "con" un otro (sea éste una persona, un lugar, un hecho), sino que *es*, únicamente, en su solipsismo más exasperado.

Levi se siente frustrado: considera que Celan nos habla de algo que debería haber sido (pero no fue) dicho y eso es lo que, a su entender, nos aleja del poeta. "Si el suyo es realmente un mensaje, se pierde en el 'ruido de fondo'", dice Levi. Pero es que su "mensaje" no solo está en ese ruido de fondo, sino que *es* ese ruido. Que más que un ruido es un pesado, grave, monumental, insoportable silencio.

Qué gran paradoja que Celan haya quedado en la historia, como afirma Goldzsmidt, como "el poeta de los aniquilados", cuando en realidad se encargó de explicar que "nadie testimonia por el testigo" (Celan, 1999), acaso uno de sus versos más retomados y sugestivos. Pero es que quizá sea el poeta de los aniquilados precisamente por haber comprendido su propio verso con tal exasperación que logró hablar *en* la imposibilidad de hablar por el otro, y pronunciar desde ella algún silencio que, por cierto, hasta puede ser compartido, pero como puede compartirse una fantasía irrealizable.

Y qué paradoja también que de él nos hayan quedado solo sus palabras: rotas, quebradas, destruidas en pleno nacimiento, pero sus palabras. Y que ellas hayan alumbrado también una voz que las rebasaba: el silencio de ese otro, en cuyo nombre no se podía hablar, pero que sin embargo flotaba en sus poemas y casi era su carne. Es que ese dolor no podía ser el de un solo hombre.

El enfoque de este trabajo se despega de la interpretación más clásica que concibe las posturas de Adorno y Celan como prolijamente antitéticas. Esta indagación, en cambio, se acerca más a la perspectiva de Forster, cuando afirma que Celan escribe un poema *que se entrama* con aquella famosa sentencia del teórico de la escuela de Frankfurt, y cuando concluye que en el momento en que el poeta rumano asume que es imposible sustraerse a la prohibición de todo lenguaje, finalmente no está diciendo algo tan diferente a lo que tanto se le ha criticado (quizá injustamente) a Adorno y a su famoso *dictum*.

Sin embargo, es posible observar cómo en el lugar del más allá de la imposibilidad, tanto Adorno como Celan detienen su marcha. Y es allí, precisamente, donde sus caminos se bifurcan: Celan empuña una poesía fracturada, mientras que el "Judío Grande" (como se refiere a Adorno el poeta en *Conversación en la montaña*) sostiene que "toda la cultura después de Auschwitz, junto con la crítica contra ella, es basura" (Adorno, 1992: 367). En esa bifurcación, Adorno elige instalarse en los rasgos más estériles de la imposibilidad (es claro que esa imposibilidad no es correlativa con un silencio respecto de la pregunta por el arte: recordemos que el teórico dedicó buena parte de su vida a escribir sobre teoría estética), mientras que Celan escoge trabajar incansablemente con y desde ella, e insiste, en palabras de R. Forster (2000: 87), "en el entrelazamiento de peligro y oportunidad, de catástrofe y esperanza".

Tanto Adorno como Celan nos han advertido sobre el fracaso de la cultura. Pero el poeta rumano, compelido por la certeza sobre las cenizas de la palabra, se ve fatalmente obligado a alzar el cuerpo exánime del lenguaje de los asesinos de su madre, a quien le pide permiso para, finalmente, no poder hacer otra cosa más que balbucear la imposibilidad desde una boca henchida de silencio.

El "yo" poético y la "desubjetivación"

Quizá sea pertinente traer aquí algunas apreciaciones de Keats que han sido retomadas por Agamben en relación al yo poético, que, como explica, no es idéntico a sí; no es "yo". "No hay nada más impoético que un poeta, porque es siempre algo distinto de sí, está siempre en lugar de otro cuerpo", dice Keats. Y sigue: "La experiencia poética es la experiencia vergonzosa de una desubjetivación".[46]

Por otra parte, el inquietante verso de Celan 'nadie testimonia por el testigo' confluye paradójicamente en aquella sensación compartida por los supervivientes: la de haber sobrevivido "en lugar de otro". Pero es posible identificar otra aporía en torno al mismo verso, aunque ahora en relación a la mencionada frase de Keats: que nadie puede hablar por el testigo y sin embargo, en el poema, hay un "yo" que es "un otro" que habla a través de su pluma. Para el poeta del *campo*, ¿ese otro no será, siempre, un muerto, un "otro" que no implica solo desubjetivación y creación casi podríamos decir "libre" desde un álter ego poético? ¿Una voz paralela, cercana pero

---

[46] Keats, J., "The Letters of John Keats", M.B. Forman (ed.), Oxford, Oxford University Press, 1935; ed. cast.: *Cartas*, trad. Concepción Vázquez de Castro, Barcelona, Juventud, 1994, en Agamben, G., *op. cit.* p. 118.

no idéntica al "yo", sino, por el contrario, un apremio, la imposición de una única voz posible (la del *Lager*, la del *musulmán*, la del que ha muerto "en su lugar") que instala allí su silencio para hablar a través de la voz desubjetivada del poeta desde cuyo lugar escribe?

En este punto la poesía sobre Auschwitz o sobre la ESMA se vuelve imposible: hay una usurpación, el fantasma habla a través de la voz del poeta que está silenciado, no solo porque su voz no es su voz, sino porque no elige ese corrimiento, dado que se le impone una voz externa, afónica, que impide incluso que el poeta elija la voz (otra vez, el "fantasma") que va a hablar por él.

Es claro que intervienen procesos de desubjetivación no solo en la palabra poética sino en cualquier acto de discurso. Pero para no desviarnos del tema que nos ocupa, diremos que los poetas (o artistas en general) suelen hacer a menudo referencia a la presencia de alguna voz externa, a la cual le prestan el propio cuerpo para que pueda expresarse, y en esa dinámica se sitúan como meros puntos de pasajes de esa voz.

Pero en lo que refiere a un arte que se proponga tenderse hacia el horror se da algo muy diferente: la irrupción violenta de una voz externa que se impone como única (la voz de los muertos) y que además usurpa la del artista solo para emitir un silencio. Del mismo modo, el testimonio del horror se construye también *en* una desubjetivación: "Nadie testimonia por el testigo", que es, al mismo tiempo, y paradójicamente, punto de pasaje del silencio de los muertos. Allí, la imposibilidad del testimonio. Allí, su posibilidad.

Sobre el peligro de la estetización del horror

J. Derrida (1996) advierte sobre la impudicia con la que muchas veces se representa el horror en el cine, la plástica, la música, y la literatura. Una impudicia que es tal no solo por la ligereza con que muchas veces se aborda el problema del horror para terminar estetizándolo, sino porque se olvida que un arte destinado a una construcción de la memoria del horror que no hable desde el silencio lo oculta, lo mantiene en secreto con la operatoria de la sublimación.

Forster se pregunta si el arte puede solo balbucear, si puede detenerse allí donde el silencio es lo único que dice lo indecible. Por cierto, el arte no debería detenerse allí, pues está compelido incluso por ese mismo punto ciego a masticar el silencio, a mascullarlo, a incorporarlo al cuerpo de la imposibilidad para construir un lenguaje afónico. En todo caso deberá detenerse en lo que respecta a los intentos estetizantes, pero no cuando las búsquedas estéticas reclamen el trabajo con el silencio.

Allí donde el arte petrifica su mirada, cuando sucumbe al procedimiento de la "museificación", es que ha olvidado el balbuceo. Ha olvidado que, como dice Celan: "Si viniera / si viniera un hombre, / si viniera un hombre al mundo, hoy, con / la barba de luz de los patriarcas: debería, / si hablara de este tiempo, / debería / solo balbucir y balbucir, / siempre, siempre, / así así / (*Pallaksch. Pallaksch*)".[47]

"*Pallaksch, Pallaksch*", aquella palabra ya pronunciada por quien, en palabras de Margo Glantz[48] es el álter ego poético de Celan: el poeta romántico alemán Friedrich Hölderlin, en sus últimos años, "cuando ya vivía en su torre-manicomio, territorio de su locura".[49]

Cuando el acercamiento artístico sortea la pedagogía, cuando comprende que solo puede tener en sus manos aquello que ya se ha fugado de ellas, es que puede hablar desde su silencio y constituirse, al mismo tiempo, como un lenguaje que puede tenderse hacia el del silenciado. Esa capacidad de acceso está dada por el silencio común, y la posibilidad de que esa comunión se produzca es, como siempre, la imposibilidad compartida.

El problema de la representación del horror

Las dificultades propias de la representación del horror en el cine ya han sido abordadas largamente a propósito del Holocausto, acaso el acontecimiento histórico que supuso la crisis última de la representación y obligó a todo abordaje que quisiera sortear la mera reproducción a trabajar desde una prohibición que logró proyectarse incluso más allá del dilema ético de mostrar o no mostrar las más terribles imágenes.

---

[47] Véase el poema "Tubinga, Enero", en CELAN, P., *Obras completas, op. cit.*

[48] GLANTZ, M., "Paul Celan, en el fondo…", revista trimestral *Fractal*, vol. 5, N° 17, abril-junio de 2000, año 4, p. 4.

[49] Margo Glantz cuenta que cuando Celan decidió suicidarse estaba leyendo una biografía de Hölderlin en la que aparecían unos versos subrayados: "A veces el genio cae en la oscuridad y se hunde en el oscuro pozo de su corazón", en FESTINER, J., *Paul Celan. Poet, Survivor, Jew*, New York, Yale University Press, 1995, p. 287.

Antes de adentrarnos en lo que se refiere puntualmente a la representación del horror, es necesario aclarar que el problema de la representación remite a la propia condición del arte, pues su materia bordea siempre lo inefable, lo irrepresentable, lo "sublime". En tal sentido, no es posible afirmar que se esté en presencia de un problema nuevo, pero sí que sus dificultades han sido, ciertamente, magnificadas.

Para ampliar lo ya tratado al retomar tanto la postura de Adorno como también algunas de sus repercusiones, es preciso que abordemos en este punto específicamente la cuestión de la representación, para después, sí, analizar lo que ocurrió con ella luego del campo de exterminio.

J.-L. Nancy (1996) explica que mientras la reproducción está preocupada por traer la cosa ausente, la representación se construye en una ausencia que está también en la presencia, un *absens* o un sentido en el que la presencia se sostiene. Es así como la reproducción implica para él apenas la repetición del acontecimiento,[50] mientras que la representación se conforma como una presentación subrayada, destinada a una mirada determinada (Nancy, 1996). De este modo, la representación se distancia de la reproducción en tanto trae a la presencia algo del acontecimiento, pero en el mismo gesto nos advierte sobre la imposibilidad de acceder plenamente a él. Sin embargo, podemos decir que es precisamente este desfasaje el que le permite al sentido confesar su infinitud.

Asimismo, J.-L. Nancy (1996) insiste en que "la representación no presenta solamente algo que, de derecho o de hecho, está ausente: presenta en verdad lo que está ausente de la presencia pura y simple, su ser *en calidad de tal*, o también su sentido o su verdad". Es esta definición del concepto de representación que ensaya el autor la que nos permite continuar en este tramo aquello que empezamos con el tratamiento del lenguaje del testimonio, cuando decíamos que el silencio habita aún la palabra proferida, pues ese silencio al que nos referimos es, al igual que en el caso de la representación, "lo que está ausente de la presencia pura y simple".

El dilema principal que pretendemos instalar aquí no versa en torno a la diferencia entre *reproducción* y *representación*, dado que, aún en los casos en que reproducir el horror en el cine fuera una premisa, sería ciertamente imposible: arisco, el sentido nos miraría desde una distancia siempre inalcanzable. Lo que sí nos interesa es reflexionar sobre la imposibilidad de la representación que ha interpuesto el horror, o, lo que es lo mismo, sobre por qué ese bloqueo *a priori* del que hablábamos al

---

[50] Beuys, J., *op. cit.* BLANCHOT, M. (1958): "L'etrange et l'etranger", en *La Nouvelle Revue Française*, N° 70, París, 1998.

principio de este recorrido convoca de algún modo al imposible fantasma de la reproducción, es decir, la efectiva restitución cristalina del pasado y conducente de un sentido unívoco que fuera capaz de traer al presente, condensado, todo el horror del cautiverio.

Digámoslo claramente antes de seguir avanzando: no puede haber, jamás, "reproducción", entendida, en palabras de J.-L. Nancy (1996), como la voluntad de "colar", ya sea en el bronce o en la película, el horror de los deportados lanzándose a las alambradas electrificadas, y esto vale incluso para los directores que encaran sus proyectos cinematográficos animados por la voluntad de dar cuenta de ese horror de la manera más fiel posible.

Sin embargo, lo que merece ser destacado no es eso. Es que hay algo más acerca de ese horror; algo que, aún ante la imposibilidad de la reproducción que mencionábamos, ha logrado contrabandearse, y se les ha presentado ya destruido, cerrado de antemano, apenas empaquetado para ser reproducido. Algo que los ha forzado a sucumbir a la perplejidad que ahoga la posibilidad de una representación capaz de volver a ese pasado liberada de la intención de profanar su preciosa lejanía.

J.-L. Nancy (1996) acuña la expresión "representación prohibida" para referirse a la representación que puede hacer advenir a la presencia aquello que no es del orden de la presencia. Representación que es el sujeto de su retirada, que, más que estar prohibida o impedida, *se interdice* a sí misma.

La representación está, para Nancy, siempre prohibida en tanto "sorprendida, patidifusa, pasmada, desconcertada" por encontrar su posibilidad precisamente "en la relación con una ausencia y con lo que él llama el *absens,* o el sentido en el que toda presencia se sostiene". En este sentido, toda representación es tan imposible como posible; no habría aquí una interdicción expresa ante tal o cual tema, pues ese desconcierto es inherente a la representación, y no tiene que ver, en principio, con una prohibición externa que la aniquile.

Lo que hiere la posibilidad representativa y hace que los intentos artísticos que pretenden tocar el horror se vean reducidos casi siempre a bordear la ilusión de la sola re-producción, vale decir, que terminen apareciendo como la presentación "acabada" de la materialidad del horror cristalizada en la contundencia absoluta de una presencia sin ausencia, es el campo de exterminio. Y es en este punto en el que debemos intentar desentrañar de qué manera Auschwitz supuso un punto de inflexión ineludible para la representación.

Auschwitz: la "ejecución" de la representación

Como ya hemos adelantado, alrededor de Auschwitz se construyó todo un discurso de "lo irrepresentable", y fueron muchos los autores que estimaron que ese horror era demasiado monstruoso como para abordarlo desde una perspectiva estética y tratarlo como si se estuviera en presencia de cualquier otro material. Es así como toda representación que con posterioridad al genocidio ha pretendido ser "del horror", ha tenido que moverse en el marco de tal escenario prohibitivo de las más diversas formas: aceptando la interdicción, desestimándola, cuestionándola o incorporándola críticamente.

Pero también hay autores que desde diferentes perspectivas cuestionan aquel "discurso de lo irrepresentable" que impregnó los debates referidos al tema del horror. Entre ellos podemos distinguir, entre muchos otros, a G. Grass (1999), quien dice que la famosa frase de Adorno solo puede refutarse escribiendo, y a J.-L. Nancy (1996), que objetó el *dictum* adorniano diciendo que "los poemas no son de nuevo posibles sino ahora, si es que solamente en el poema se puede decir lo que, de otro modo, burla cualquier descripción". J.-L. Nancy, en el mismo libro, indica también que la representación de la *Shoá* no solo es posible y lícita, sino que es necesaria e imperativa, al tiempo que no deja de advertir sobre lo que el campo de exterminio supuso para la representación.

El discurso de la "irrepresentabilidad" que los autores mencionados han puesto en duda fue construido, según detalla Rancière, en función no solo de una prohibición ética (el horror "no debe" ser representado), sino también de un mandamiento estético que plantea que el arte moderno quiebra con la representación y por tanto es por esencia un arte de lo irrepresentable.[51]

Es posible, sin embargo, distinguir además a otro grupo, conformado por quienes han absorbido la "prohibición" que desde entonces sujeta la representación y a partir de ella ha creado todo tipo de obras: pensadores y artistas para los que tal clausura ha significado el inicio de la conformación de un lenguaje *en* la imposibilidad: Celan, Steiner, Wiesel, Lanzmann, Lang, entre otros.

---

[51] Véase Rancière, J., "Las poéticas contradictorias del cine", *Pensamiento de los Confines*, N° 17, FCE, diciembre de 2005.

(Pero... ¿cómo hablar de la hoja en blanco
cuando ella se basta a sí misma para anunciar
su repliegue —su ida, su doblez—, y al mismo
tiempo que se ofrece como tierra fértil para la
escritura sabe muy bien como devorarla?)

(¿Cómo ir a buscar, en las hendiduras de la hoja
violentada, el vaciamiento del término "muerte"
para un hombre o para una mujer, que, ya sin inmutarse,
se dispone a dormir en su barraca con compañeros
que amanecerán como cadáveres?)

Ahora bien, intentar deconstruir la operatoria mediante la cual se ha interpuesto, tal como ya lo ha notado Rancière, una prohibición ética en el terreno de lo estético, no equivale a asumir que en Auschwitz nada le haya ocurrido a la representación. La cuestión es bastante más compleja, y la interdicción ética que ha caído sobre la representación del horror no agota el problema, dado que la propia representación ha sido puesta en juego en Auschwitz bastante más allá de esa supuesta "prohibición". En ese sentido, sería necio pensar que si despejáramos la cuestión ética del problema nos encontraríamos con una representación intacta, sobre todo si tenemos en cuenta que, como ya hemos recordado, el arte ha participado de una cultura ilustrada que devino en la barbarie de la que había prometido liberarnos.

En tal sentido, es preciso aclarar que, de aquí en adelante, cuando hablemos de la imposibilidad de representar el horror, o de cómo algunas creaciones incorporan esa imposibilidad, no nos estaremos refiriendo en ningún caso a la prohibición ética ya mencionada, pues no creemos que el horror no deba ser representado (todo lo contrario), sino a cómo la construcción de un arte post-Holocausto está ya signada por la herida que el campo de exterminio supuso para la representación, *más allá* de cualquier prohibición ética. Lo que intentaremos explicar a continuación es a qué nos referimos cuando hablamos de la "herida" que Auschwitz significó para la representación.

Comenzaremos diciendo que la representación, como ya ha dicho J.-L. Nancy (1996), está siempre prohibida, y es esa prohibición la que toma a la presencia "y la abre a su propia ausencia". Pero la especificidad de los campos de exterminio radica en haber significado la prohibición de esa representación prohibida, dado que esa ausencia ha sido extirpada (¿prohibida, podremos decir?) de la presencia.

Antes de seguir, una aclaración: cuando Nancy afirma que la prohibición de la representación tiene que ver con la realidad o con la verdad más firme del arte, es decir, con la verdad de la representación que esa prohibición (la de Auschwitz) saca a la luz de un modo paradójico, está diciendo que la prohibición que significó Auschwitz puso de relieve una interdicción que es inherente a la propia representación, y que, al prohibirla, de algún modo también la está haciendo visible, la está presentando, así como también está presentando el modo en que su dinámica ha cambiado para siempre luego del campo de exterminio. Esa prohibición externa que interdice la representación "prohibida" es la misma que también nos permite echar luz sobre la prohibición que le es propia a toda representación; de ahí que Nancy hable de la verdad de la representación que la prohibición que supuso Auschwitz saca a la luz de un modo paradójico.

Una vez dicho esto, volvamos específicamente al campo de exterminio: nada de él puede ser representado —explica J.-L. Nancy (1996)—, ya que significó la ejecución de la representación: su *ejecución* en los dos sentidos de la palabra, su efectuación sin resto (en presentación ahíta de sí) y su extenuación también sin resto.

Ante tal escenario aporético, no sería ya posible ni siquiera la representación "prohibida" de la que habla el autor; no sería posible una finitud "abriéndose hacia el infinito", o permitiendo la fuga del sentido, sino una finitud unívoca que no permite ni siquiera mostrar lo que mata toda posibilidad de imagen, solo contemplar las imágenes terribles, como aquellas que aparecen en el recorrido por el infierno en la película *Noche y niebla,* de Alain Resnais: la pila de cadáveres cayendo de la grúa hacia la fosa común, las montañas de cabello, los cuerpos decapitados, los muertos por inanición yaciendo con los ojos abiertos…

J.-L. Nancy (1996) explica que "los campos de exterminio son una maniobra de sobre-representación, en la que una voluntad de presencia íntegra se consagra al espectáculo del aniquilamiento de la posibilidad representativa". Para comprender qué está diciendo Nancy con esta afirmación, debemos volver sobre lo que él entiende por sobre-representación. Así, argumenta que la sobre-representación no consiste, pues, solamente en el carácter colosal y desmesurado del aparato de representación nazi, sino en "una representación cuyo objeto, intención o idea se realiza íntegramente en la presencia manifiesta".

En ese pasaje se puede leer la siguiente idea: que el campo de concentración ha significado la sustracción de la ausencia que existe en la presencia, confinando la presencia a existir solo en tanto sobre-presencia de sí. Sin esa ausencia *en* la presencia, no queda lugar ya para la representación, sino para la mera reproducción del horror. En otras palabras, la presencia, ya "saturada" de sí misma (en este sentido es que Nancy habla de "presentación ahíta de sí") no puede dar paso a la ausencia, al sentido (mejor dicho, al punto de fuga del sentido) o al *absens* en que toda presencia se sostiene: de ahí que Nancy diga que la representación ha sido ejecutada. Sobre-representación, decíamos, en el sentido de que, como explicaba J.-L. Nancy (1996), la realidad de los campos está por entero en su ejecución misma.

Entonces, y para continuar la tarea de desentrañar el núcleo singular que ha hecho de Auschwitz "la crisis última de la representación",[52] po-

---

[52] Nancy se ha referido a Auschwitz en más de una ocasión como la crisis última de la representación. Véase NANCY, J.-L. (1996).

demos decir que la alusión a la imposibilidad de representar el horror, ya en términos de prohibición de índole ética, ya por interdicción bíblica de la representación, no hiere a la representación en tanto tal, pues, como ya hemos dicho, la representación no debería pretender ir al encuentro de algo como "la realidad del exterminio" de manera "directa". Es que ni el exterminio ni nada en realidad puede restablecerse como "un bloque macizo de presencia significante" (Nancy, 1996), de manera que la sola afirmación que alude a la imposibilidad de la representación de Auschwitz no desnuda en modo alguno la especificidad del *campo*, porque en este sentido él es tan representable (o tan irrepresentable) como cualquier otra cosa, y mucho menos la verdadera sentencia de muerte que supuso para la representación.

La especificidad que el *campo* le imprimió a la representación habrá que buscarla, en todo caso, no en una interdicción ética, de carácter externo a la representación que pudiera sujetarla en todo su ser, y que emanara como consecuencia de algo como el "tenor insoportable del horror", sino más bien en el modo en que la sobre-representación a la que se refería Nancy supuso la asfixia de la ausencia en la que toda presencia se sostiene.

Es así como podemos decir que, aún cuando la profusa cantidad de objetos culturales que han abordado la temática del horror supone un indudable avance en lo concerniente a la incorporación del tema en el imaginario social tanto a nivel nacional como internacional, la especificidad de Auschwitz radica (en lo que a la representación respecta) en haber significado la clausura del punto de fuga del sentido, lo que ha resultado, en la mayoría de los casos, en la reducción de la representación a algo que tiende demasiado a una petrificada reproducción del horror.

Sin embargo, podemos destacar algunas creaciones que tuercen de algún modo tal fatalidad; entre ellas, la poesía de Celan cuando se empecina en forzar la imposibilidad hasta el punto de hacerla "vivir".

El poeta, en su afán por hacer callar a la palabra que había sido "prostituida por las orejas de los desolladores" (Celan, 1999) y hacer hablar al silencio; en el instante en que él mismo es la iluminación que le coloca en las manos el límite de la palabra, escribe: "A ella, a la noche, (…) / lo sobrevolado de estrellas, lo sobrebañado de mar, / a ella lo logrado al silencio, / cuya sangre no cristalizó cuando el colmillo del veneno traspasó las sílabas. / A ella la palabra lograda al silencio".[53]

---

[53] "Argumentum e silentio", en Celan, P. (1999).

El caso de Celan es clave para nosotros, pues él es, quizá, el poeta que mejor ha logrado desperezarse *dentro* de la aporía y expandirla sin salir nunca de ella: no se subsume a ninguna "prohibición ética", no se petrifica ante el horror extremo ni lo trata como un inefable al que no se podría tocar, y escribe; pero su escritura no es en modo alguno "libre", ni puede aducir ya ninguna ingenuidad; por el contrario, está fatalmente signada por la muerte de una palabra que ha sido cómplice de la barbarie. Más adelante veremos cómo los materiales que trataremos se mueven en la misma encerrona y se desviven, aunque de maneras muy diferentes, por hacer hablar al silencio.

Sobre la irrepresentabilidad del horror: el debate

Ana Amado[54] señala, respecto del debate en torno a la posibilidad de representar el horror, que las opiniones se han polarizado entre la defensa de la visibilidad que hace el director de cine francés Jean-Luc Godard, quien sostiene que la imagen se transforma en redentora de un mundo que solo siendo reconquistado puede testimoniar, y los argumentos contra toda mostración de Claude Lanzmann, según el modelo de su película *Shoah*.

Por su parte, la postura de J. Rancière (2005) es absolutamente crítica con respecto al discurso de lo irrepresentable que se constituyó alrededor de la *Shoá*. En este sentido, el autor francés explica que el tema fue recubierto por un debate ético-religioso introducido en el terreno estético, y que si se piensa únicamente en el proceso artístico, no estaríamos tratando con lo irrepresentable.

Con respecto a la película, Rancière propone correr levemente el eje y formular la pregunta por la representación de otra manera. En tal caso, la cuestión no giraría en torno a si el horror debe o no ser representado, sino que el problema de fondo radicría en qué es lo que se quiere representar. En este sentido, repara en el objetivo del director del documental, y explica que su punto de vista está orientado a poner de manifiesto, a

---

[54] Amado, A., "Las nuevas generaciones y el documental como herramienta de historia", en A. Andújar, et. ál. (comps.). *Historia, género y política en los 70*, Buenos Aires, Feminaria, 2005.

(Voy
con la presencia de tu silencio
como un número tatuado en todas mis pieles por venir.)

(Adivino la gélida crudeza de tu día anochecido sobre
mi rosa.)

(Te continúo desde mi bifronte corporalidad:

desde la plena...   desde la mutilada.)

través de una indagación minuciosa de la supuesta racionalidad Nazi, la imposibilidad de explicar lo ocurrido a partir de tal relevamiento. Entonces, según su perspectiva, el intento de Lanzmann consiste en hacer un recorrido intentando entender el exterminio, pero justamente para dejar en evidencia la imposibilidad de explicarlo, porque como diría Rancière, explicarlo redundaría en darle un carácter de cierta necesidad lógica o histórica.

Las ficciones que ponen en escena verdugos y víctimas en el marco de una reconstrucción histórica (como puede ser el caso de *La lista de Schindler*, de Steven Spielberg) terminan, para Rancière, estableciendo una lógica humana del proceso. La apuesta de Lanzmann (explica) es, entonces, la de desnaturalizar esta lógica, para lo que construye una ficción que expone el proceso, librándolo a su racionalidad y a su falta de razón, para terminar poniendo en evidencia que aún después de nueve horas de indagación no es posible hallar razones suficientes que permitan explicar lo que ha tenido lugar en los campos de exterminio.

No nos internaremos en esta instancia en las particularidades de los diversos lenguajes estéticos a los que aquí hacemos mención (el cinematográfico, el teatral, el poético), pues tal trabajo superaría excesivamente este abordaje puntual. Así, la intención de reponer aquí algunas posturas clave del debate suscitado en torno al problema de la representación del horror en el cine responde, más que a dar cuenta de las especificidades del lenguaje cinematográfico, al interés por trabajar el modo en que dicho problema las trasciende, al punto de presentarse como una cuestión con peso propio, y susceptible de ser tratada bastante más allá de las particularidades de los diversos lenguajes artísticos que pudieran albergarla.

Ahora parte nos abocaremos a algunos objetos culturales en la medida en que nos permiten pensar sobre el problema de la representación del horror. De esta manera estaremos continuando el camino que ya iniciamos con el tratamiento del testimonio, dado que él es también un terreno que nos ha permitido indagar en el silencio que habita la palabra dicha.

Así, y solo a los fines de conferirle una base material al problema a tratar, nos detendremos en algunos objetos culturales que, conscientes de que el silencio también habita en la palabra proferida, fundan una perspectiva y un lenguaje propios, con y desde la imposibilidad: la película *Shoah* del director francés Claude Lanzmann, que se ha convertido ya en una pieza fundamental en el debate aludido, y dos ejemplos argentinos: el film *Los rubios*, de Albertina Carri, y la "Trilogía del horror" del director de teatro Omar Pacheco y su Grupo Teatro Libre (GTL), que nos permitirán ver de qué manera la representación puede ser, todavía, reclamada, dado que siempre, y aún después de Auschwitz, es imprescindible la producción de un lenguaje que pueda tocar, en palabras de J.-L. Nancy (1996), "lo que de otro modo burla cualquier descripción".

CINE Y TEATRO ANTE LA MEMORIA

Shoah, de Claude Lanzmann: el retorno de la representación

¿Cómo representar la representación aplastada, obstruida, enviscada?, se pregunta Nancy, y señala que hay una vertiente, de la cual Lanzmann es el representante máximo, que en lugar de representar el horror, pretende poner en escena su "irrepresentabidad": el director dice que el horror es irrepresentable, y se niega a mostrarlo en imágenes. Sin embargo, su prohibición refiere únicamente a la utilización de imágenes de archivo, pues no se priva de reconstruir la arqueología del horror.

Puede que la negación de Lanzmann a mostrar imágenes de archivo se sustente en la tácita aceptación de una interdicción ética, previa al momento estético. Lo que sí es claro es que, en tal gesto, el director francés pretende posicionarse por fuera de los experimentos que terminan por "reproducir" el horror y corren el riesgo de estetizarlo, de caer en una lógica complaciente o involuntariamente cómplice con la barbarie. Es que, como ya hemos dicho, las obras que exponen los acontecimientos no desnudan la imposibilidad de mostrar imágenes, y son de algún modo "cómplices", por no mostrar lo que mata toda posibilidad de imagen, salvo (como dice Nancy) "si se rehace el gesto del asesino" (Nancy, 1996).

Nancy explica que la "prohibición de la representación" tiene nada o poco que ver con la interdicción de producir obras figurativas. Es en estas afirmaciones en las que critica la película de Lanzmann, pues la negación del director francés a poner en escena imágenes del horror obedece a un argumento puramente iconoclasta.

Tanto *Shoah* como la trilogía teatral del director Omar Pacheco de la que hablaremos luego, pasando por *Los rubios*, de Carri, trabajan de una manera muy especial con la materia de la representación: la mastican, la estiran, la destruyen, la hacen "ser" en su imposibilidad, la vuelven "posible". Es por esto que se vuelve imprescindible tratar aquí con estos objetos culturales, o, mejor dicho, con la particular destreza con que cada uno de ellos toma en sus manos el problema de la representación.

Aún cuando cualquier aproximación artística a la cuestión del horror esté ya signada por la dificultad de representarlo, es preciso destacar la existencia de estos materiales porque constituyen un aporte significativo a la construcción de la memoria. Tal aporte está dado porque, en lugar de concebir la ejecución de la representación que ha tenido lugar en Auschwitz como una fatalidad frente a la cual solo resta el silencio o la reconstrucción del acontecimiento, han logrado convertirla en el germen de un lenguaje nuevo *en-la-imposibilidad* al incorporarla problemáticamente al proceso de creación. Pero no solo eso: han sabido presentar sus propios mecanismos discursivos, así como poner a prueba el mecanismo de la representación en el núcleo mismo de la representación.

En lo que a la representación ficcional del horror respecta (y aquí nos permitimos incluir en esa categoría a *Shoah*, pues Lanzmann se refiere a ella como una ficción), es posible identificar un problema: el de la imposibilidad, aún en el interior de la representación misma (y suponiendo que ésta fuera posible), de utilizar una historia, ya sea por emblemática o por ordinaria; que fuera "representativa" para así generar la ilusión de estar contando a partir de ella *todas* las historias.

Las nueve horas de duración de *Shoah* dejan en claro que ningún testimonio está incluido allí con una pretensión ilustrativa o generalizadora, pues de ser así estaríamos en presencia de un objeto cultural de una extensión mucho más acotada, sobre todo si tenemos en cuenta que la construcción de la película está basada casi enteramente en testimonios.

Pero eso queda claro también en el silencio que perdura aún en el *después* de esas penosas nueve horas, es decir, en la sensación de insuficiencia que queda flotando en el más allá del relato. En la sospecha que brota después del final: aquella que advierte que, después de tal extensión, todo queda aún por ser contado. Eso significa dos cosas: que nadie puede hablar por el testigo (deberían estar todos allí dando su testimonio y eso es imposible) y que el testigo está amordazado también respecto de su propio testimonio. Y en lo relativo al problema de no poder contar en una todas las historias (y también en consonancia con lo ya dicho por Celan) esta frase implica que ningún testimonio puede hacerse extensivo, que no puede operarse con ellos de manera inductiva. Los testimonios que conforman la película son muchos, quizá demasiados; pero, ¿suficientes? Nunca. Nueve horas son demasiadas. Pero, ¿suficientes? Jamás.

Hablar de "silencio" para referirse a una película en que la palabra es la protagonista absoluta puede, en principio, parecer inadecuado. Sin embargo, es absolutamente pertinente por dos razones: porque pretendemos en este trabajo indagar en el silencio que habita la palabra que puede ser pronunciada, y en tal sentido una película construida enteramente por testimonios (acaso una de las máximas expresiones del silencio *en* la palabra proferida) se vuelve especialmente relevante, y porque en el caso puntual de *Shoah* el silencio, más que lo contrario de la sobrepresentación de la palabra, *es* esa sobrepresentación.

La superabundancia de la palabra es, precisamente, expresión exacta de la medida (en este caso, monstruosa) del silencio, pues si algo pudiera ser realmente dicho, sería en el marco de una película de mucha más corta duración.

Lo que es importante destacar es que la inclusión de testimonios en la película descama con tozuda insistencia la palabra del silencio. Pero, sobre todo, el silencio de la palabra. En esa decisión se está restituyendo la riqueza infinita de la ausencia, la errancia del sentido: se está torciendo la univalencia de la significación a que da lugar la voluntad de reproducir el horror, aún cuando ello sea, en realidad, imposible.

Lanzmann logra, entonces, "decir" solo cuando habla el silencio: cuando la película deviene una sorda voz colectiva que explica, por encima de los testimonios particulares y su colosal esfuerzo por dar cuenta de la densidad de lo padecido, que ningún testimonio (ni aún la sumatoria de todos) podrá jamás dar cuenta de lo que tal experiencia ha sido realmente. O también cuando pone de relieve que su indagación de nueve horas, que pretende reponer con minuciosidad elementos que reconstruyan la "racionalidad" nazi, solo puede terminar poniendo en juego su inexplicabilidad.

La película *Shoah* se vuelve especialmente relevante, pues se constituye a partir del trabajo con la imposibilidad como el único material posible en lo que se refiere a la construcción artística de una memoria del horror. Logra sortear el mecanismo estéril de la reproducción (solo útil para instalar el tema y el debate), que, por cierto, ha sido utilizado por la gran mayoría de las películas y obras de teatro que pretenden ser "del horror".

Aún cuando, para J.-L. Nancy (1996), Auschwitz haya significado la prohibición de la representación "prohibida", podemos afirmar que Lanzmann, en el intento por construir una película que expone la imposibilidad de representar, ha logrado, de algún modo, representar: está arañando la finitud en el instante en que existe "abriéndose al infinito".

Así como para Blanchot el espacio de lo extraño es un campo de fuerza donde el ser aparece desapareciendo, se afirma sustrayéndose,[55] y para J.-L. Nancy (1996) la representación está prohibida en tanto es el sujeto de su propia retirada; del mismo modo en que para J. Derrida (1996) la imposibilidad del testimonio es su única condición de posibilidad, y en la medida en que consideramos que el lenguaje artístico solo cuenta con aquello que ya se le ha escabullido, decimos que *Shoah* se constituye como representación del horror precisamente *en* el gesto en el que se prohíbe a sí misma tal posibilidad. Así, la película encuentra "en su propia fuga" su criterio de existencia como representación: su pretensión de sustraerse a toda posibilidad representativa es lo que la hace existir en tanto genuina representación del horror.

El director, en su afán por impedirse la representación (aunque fuera desde argumentos éticos e iconoclastas, como ya hemos explicado), termina, paradójicamente, logrando reinstalarla como posibilidad. *Shoah* es representación del horror, y la sola negación a mostrar imágenes de archivo no es suficiente para impedir que así sea. Es precisamente porque consideramos que ha logrado (aunque involuntariamente) ser representación del horror que nos interesa trabajarla aquí. Es representación incluso en los términos en que la definía J.-L. Nancy (1996): como una "presentación subrayada": las nueve horas son el más grueso trazo, que insiste e insiste en "una mirada determinada"…

¿Por qué la importancia de rescatar a *Shoah* como ejemplo de construcción de un lenguaje *en* la imposibilidad, cuando el objetivo de Lanzmann es dejar en claro que el horror no puede ser representado? Porque es precisamente la insistencia de Lanzmann en "decir" la imposibilidad de mostrar lo que permite la reintroducción de la posibilidad representativa. Al afirmar esto, estamos retomando la idea que hemos venido desarrollando a lo largo de este recorrido, y que se aplica tanto a

---

[55] LAPORTE, R., "Leer a Maurice Blanchot", Barcelona, *Archipiélago*, N° 49, 2001, pp.15 ss., citado en CRAGNOLINI, M., "Temblores del pensar: Nietzsche, Blanchot, Derrida", *Pensamiento de los Confines*, N° 12, FCE, junio de 2003.

lo que respecta al testimonio como al problema de la representación del horror: que la posibilidad está *en* la imposibilidad.

Es en el ostensible exceso de las nueve horas donde Lanzmann logra poner el acento, presentar subrayadamente algo. Pero también es en su negación a poner en escena imágenes, vale decir, en su negación a representar, o en realidad, en su pretensión de poner de manifiesto la supuesta irrepresentabilidad del horror donde logra, paradójicamente, reintroducir la posibilidad de la fuga del sentido, es decir, restituir la posibilidad de la representación, aquella misma que se ha extraviado como posibilidad, dado que la representación ha sido "ejecutada" en Auschwitz.

Así, tanto los testimonios que conforman la película, que son expresión del silencio *en* la palabra dicha (se constituyen como una presencia que es sostenida por una ausencia), como los terrenos vacíos donde se intuye el horror a partir de exiguas huellas casi inhallables, aparecen como mojones; son tramas que aluden a la ausencia que acaba por constituir la presencia y sostenerla, y son también lo que termina por darle a este intento de aproximación al horror calidad de "representación".

Aún cuando Lanzmann pretenda en su polémica película "decir" la imposibilidad de la representación, logra, en ella, de alguna manera lo contrario: termina reintroduciéndola mediante un asombroso doble juego de superposiciones en el que tanto el alma del testimonio como de la representación cinematográfica coinciden: porque restituye la posibilidad de la representación en tanto consigue poner el acento en una mirada determinada, y en ese sentido "devuelve" (aunque nunca de la misma manera que antes de lo que Auschwitz significó para la representación) la ausencia que debe constituir y sostener la presencia para que podamos hablar de representación (¿ya podremos referirnos a esa ausencia que existe *en* la presencia como una forma del silencio?), y porque para construir la película se vale del lenguaje del testimonio, lenguaje que viene, más que a reforzar, casi a sobreimprimirse en la misma dinámica que recién describíamos a propósito de la representación, pues el testimonio se configura *también* como una presencia que se sostiene en una ausencia que está *en* la presencia. Esa ausencia amurallada en la presencia no es otra cosa que el silencio al que nos hemos estado refiriendo: un silencio que no alude a la ablación de la capacidad expresiva, sino que existe como la carne misma de la palabra proferida.

"Trilogía del horror": el teatro como andamiaje de la memoria

Omar Pacheco estrenó en 1993, años después de volver de su exilio, la primera de las obras que conformarían luego la "Trilogía del horror": *Memoria,* que se adentra en la vida privada de un torturador. Más adelante, en 1995, estrenó *Cinco puertas,* ambientada en el ghetto de Varsovia, y finalmente, en 2001, *Cautiverio,* obra que corona la trilogía y que construye una atmósfera que alude a la época de la Inquisición para trabajar, tal como lo precisa el propio Pacheco, su vinculación histórica con los demás exterminios. Asimismo, el director se propone indagar en otras épocas en las que las sociedades "quebraban a su gente",[56] y extrapolar esa experiencia a lo que significó la dictadura del período 1976-83 en Argentina.

Sobre las obras, podemos decir que las tres están vertebradas en un lenguaje inventado. Casi no hay palabras identificables, pero su ausencia trasciende el mero hecho de poner de manifiesto la imposibilidad de la verbalización del horror: hay un intento por atisbar un lenguaje nuevo. Así como no hay un lenguaje reconocible, tampoco hay fechas precisas para situar el horror: las escenas transcurren tanto en la edad media como durante la última dictadura militar en Argentina. Es que no puede haber tiempo ni periodización, sino solo apariciones, acechanzas, fogonazos recurrentes: memoria. La trilogía no trabaja a partir de una reconstrucción cronológica del pasado. No hay tiempo, hay duración. Infinitos del orden del instante, prolongaciones de dolores perpetuos.

El Grupo Teatro Libre, dirigido por Omar Pacheco, instala su mirada estética en una memoria que dista mucho de ser una historia presentificada. Se asume que cierto lenguaje ha muerto, pero no hay allí mutismo. Por el contrario, se ensaya un balbuceo, un lenguaje que habla con el gemido del silencio. Que se pronuncia también desde otro silencio: el que se desea por la exasperada conciencia de que la palabra ya no "dice" porque ya le ha sido extirpada su capacidad transformadora. Allí donde se palpa el vaciamiento del sentido es también el lugar en el que se inscribe ese lenguaje inventado.

---

[56] Ver Cabrera, H., "La Inquisición ¿desapareció?", entrevista a Omar Pacheco en *Página 12 Web:* http://www.pagina12.com.ar/2001/01-05/01-05-19/pag 27.htm.

Si bien algunas de las obras están estructuradas a partir del seguimiento de alguna "historia" que funciona como eje del relato (aunque no podemos hablar de relato en los términos clásicos por ser un teatro sugerido y no lineal) y pretende producir una generalización a partir de un caso puntual, tal pretensión es opacada por otro elemento, claramente central, y que constituye en realidad la médula del relato: la particular distribución del espacio escénico.

Pero esa multiplicidad de planos, ¿no es acaso muestra del colosal esfuerzo de Pacheco y su Grupo Teatro Libre por contarnos la inenarrabilidad de los hechos? Esa desesperación traducida en frenética distribución dispar de los momentos teatrales, ¿no está hablando de que no importa cuánto digamos, o qué múltiples maneras encontremos de desplegar infinitamente el relato, finalmente nos será, de todos modos, incognoscible?

Como ya dijimos, el escenario en las tres obras de Pacheco (fundamentalmente en las dos últimas: *Cinco puertas* y *Cautiverio*) ha sido dispuesto de manera tal que por momentos algunas escenas se dan paralelamente. Aunque buena parte del tiempo son consecutivas, por momentos la consecución se acelera dramáticamente, y el tiempo deja de ser lineal para dar lugar a la confección de un fresco onírico, casi un mural en el que pareciera estar *todo* (y aún así eso no se ha vuelto posible…). De manera que no es relevante si por momentos las obras se centran en una historia que reclame la pretensión de contar más allá de ella; lo sugestivo es esa furia por la simultaneidad que deja al descubierto el silencio de todo aquello que nunca podrá decirse ni siquiera en la desesperación por intentar dar cuenta, apenas, de la imposibilidad de contar. Desesperación que está dada, justamente, por la certeza de la inenarrabilidad, de que cada voz no solo no puede ser la del otro sino que ni siquiera puede ser la propia. Los actores han sido empujados a conformar, entre todos, una voz agónica, conjunta, que añora probar aquello que se intenta decir, pero desde la certeza de que nunca podrá ser dicho.

En el caso de las obras de Pacheco, el director es consciente de que el lenguaje a ser apropiado es, necesariamente, el balbuceo que ya ha propuesto Celan, y también la palabra sin sentido, el estertor, esa lengua que en su fractura intenta hablarnos no solo de ese silencio sino también desde el lenguaje del silenciado. La búsqueda ha de ser llevada a cabo en el instante primigenio del más brutal despojo.

El dolor del pasado nos enfrenta con aquello que no puede ser verbalizado. La creación irrumpe en ese silencio y lo hace hablar, y es en esa palabra translúcida (que acompaña pero también hace existir) donde duerme la memoria. Al mismo tiempo, si es realmente posible generar algún decir, éste debe ser consciente de que no puede soslayarse el hecho de que también se está intentando hablar desde el silencio que clausura, que sofoca. Cuando el problema se torna irresoluble, es preciso, al menos, dar cuenta de esa imposibilidad.

Las tres obras trabajan, durante la mayor parte del tiempo, desde un lenguaje no articulado. Pero esta falta de lenguaje no alude solamente a la imposibilidad de convocar el horror de una manera más o menos directa (cosa que, por cierto, el director no se propone), sino más bien al resultado de la introyección de la prohibición que Auschwitz supuso para la representación, y de la que ya hemos hablado aquí. Sin embargo, más que dar cuenta de una destrucción de la capacidad expresiva, o de ser un signo de petrificación ante lo inefable (ante aquello de lo que no se "debería" hablar), se crea un lenguaje nuevo *en* la imposibilidad, se transmuta una imposibilidad en un horizonte de posibilidad. El silencio, la palabra-balbuceo, la mueca silenciada pero atestada de un grito que, sin embargo, no sale nunca de la boca de los actores, pueden devenir en el comienzo de un lenguaje nuevo.

Las obras de Pacheco, al conformarse como representación, hacen propio el desafío de aportar a la construcción de una memoria viva. Del mismo modo, la importancia de trabajar los lazos entre arte y memoria está dada por el hecho de que, aún ante la imposibilidad a la que hemos hecho referencia, el arte confluye en el complejo entramado social que reclama la creación sostenida de una memoria del horror.

Los rubios, o sobre cómo desvestir un cuerpo desnudo

Luego de que el cine argentino se dedicara a revisar, primero, los horrores del terrorismo de Estado, y, más adelante, el accionar de las organizaciones armadas, así como también la vida de destacados militantes, se ha producido, durante los últimos años, un fenómeno de proliferación de documentales realizados por hijos de desaparecidos.

Estos hombres y mujeres que pasaron ya los treinta años han compartido en su mayoría el objetivo de filmar sobre la vida y la muerte de sus padres, pero también sobre cómo se los recuerda. Para esto se han propuesto ir a buscar en los más diversos materiales: ropa y objetos significativos, testimonios, videos caseros, relatos orales, fotos. Solo por dar algunos ejemplos, podemos contar entre esas películas a *Papá Iván*, de María Inés Roqué, *El tiempo y la sangre*, de Alejandra Almirón, y *(h) Historias cotidianas*, de Andrés Habegger. Los tres directores son hijos de militantes desaparecidos.

En principio, es preciso hacer un señalamiento respecto del difícil lugar desde el que estos jóvenes trabajan la propia identidad en sus films: no les es posible construir un relato sin verse confrontados con las reminiscencias del exterminio. Es que para aquellos que han intentado hacer su duelo con una pantalla como herramienta, la falta de padres instituye para ellos un lugar en el que la pretensión de restitución de recuerdos que no existen como tales coexiste con la certeza de un inicio que los estigmatiza como miembros de una "generación inaugural", "Adanes" y "Evas" arrojados al abismo de una interrupción que los obliga a conformarse como un siempre renovado comienzo, y a "crear" una generación previa (la de sus padres), dado que, aún ante la certeza de que ha existido, perdura la sensación de que es preciso construirla, aún cuando, en rigor, todo pasado sea "ficción". Es en este escenario en el que los *hijos* y *nietos* asumen ese compromiso y se consagran a transformar esa imposibilidad en motor y artificio de la construcción de la propia identidad.

Es promediando los años noventa cuando el cine documental (más aún que la ficción) comienza a reclamar para sí el deber de tratar con su pasado reciente, como ya ha notado Gonzalo Aguilar[57] en su ensayo sobre el nuevo cine argentino, y en el marco de ese proceso que aún hoy sigue diversificándose, Albertina Carri, hija de reconocidos militantes montoneros asesinados durante la dictadura militar de 1976, estrena su segunda película, *Los rubios*, en el año 2003.

Como explica la propia Carri, el documental testimonial que proliferó en la década de los 80 "fue muy importante porque había realmente una necesidad de explicar qué es lo que había pasado en esa década oscura y terrible",[58] pero que, pasada determinada cantidad de años, se volvía importante "rescatar esa otra memoria, pensarla desde el presente. Decir bueno, ok, esto sucedió, esta es la masacre, este es el genocidio, a ver cómo nos construimos con esos agujeros: yo como persona y nosotros como sociedad".

Es así como en *Los rubios*, su directora no se propone hacer una reconstrucción del pasado, ni tampoco se dedica siquiera a abordar la

---

57 Véase Aguilar, G., *Otros mundos*, Santiago Arcos, Buenos Aires, 2003.
58 Yolis, Y., "Albertina Carri, directora", entrevista realizada a Albertina Carri en *Cómo hacer cine*, http://www.comohacercine.com/articulo.php?id_art=455&id_cat=2, [12/11/2003]

cuestión del horror en tanto tal; en cambio, propone "una invitación a la reflexión sobre la memoria y la identidad" (Yolis, 2003), y construye una película sobre lo que ella misma define como la ficción de la memoria, y no sobre su vida o sus padres.[59] Es en este punto en el que el film supone un punto de inflexión respecto de sus predecesores: es único en su género.

La ausencia como una lejanía

Las películas que se han dedicado a intentar reponer el horror, a volver sobre los hechos o a dar curso al deseo de reconstruir la imagen de los muertos son ciertamente imprescindibles, y de ningún modo pretendemos desestimarlas; muy por el contrario, consideramos que todo esfuerzo orientado a participar de la construcción del complejo entramado de saltos que es la memoria es, siempre, encomiable. Pero dicho esto, es preciso destacar que estos films, o han persistido en que la restitución, aunque incompleta, puede ser posible, o han construido un relato sobre la imposibilidad de la restitución, pero en el que, sin embargo, la ausencia sí es presentificada, o lo que es lo mismo: se han dedicado a traer la ausencia para "llenar" con ella la presencia.

El film de Carri se ubica en un tercer lugar: no se dedica al intento (por lo demás, siempre fallido) de "reproducir" el horror, o, mejor dicho, de construir la ilusión de la mostración "tal cual ocurrió"; en cambio, construye una representación que mira sus propios ojos hasta abismarse en ellos.

Es así como la película ha logrado volverse palabra (imagen), porque no reenvía al pasado, sino que desvía (¿podremos decir que *nos desvía hacia* el pasado?), porque coloca la memoria en sí misma como referente, que además de ser un objeto es un modo de tenderse hacia los objetos, y como tal no tiene una entidad unívoca, ni de lenguaje ni de referente propiamente dichos.

Pero no solo eso: si la apuesta de Carri es diferente, lo es también porque esa voluntad de no restitución se inscribe en una perspectiva

---

[59] Véase Moreno, M., *Esa rubia debilidad*, entrevista realizada a Albertina Carri en *Página/12*, suplemento *Radar*, http://www.pagina12.com.ar/diario/suplementos/radar/9-1001-2003-10-22.html, 2003.

similar al modo en que entendemos el silencio, y que, en principio, dista mucho de aludir a lo imposible que puede resultar traer al presente la ferocidad de aquel pasado.

Así, en *Los rubios*, la ausencia no se convoca ni siquiera como ausencia, sino que se sugiere, aún desde una voz efectivamente pronunciada, su eterno destierro. Y es en esa certeza donde comienza el film, en la imposibilidad hecha carne y vuelta palabra, en el poderoso deseo de abrir una herida para liberar el sentido que permanece atascado en la voluntad de "reproducir" el pasado. La película, incluso al ir más allá del propio concepto de representación, termina volviendo a él para expandirlo un poco más.

El juego: arquear la representación, acariciar sus salientes

"La post memoria, obsesiva y también inexorable, apela a lo visual para una narrativa propia que desdibuja los referentes (en sus causas, en su temporalidad específicas) y se despreocupa de lo mimético", subraya Ana Amado (2005: 233) sobre la proliferación de películas realizadas por hijos de desaparecidos en los últimos años. Es a propósito de esta afirmación que es posible decir que el abandono de la pretensión mimética de reproducir el pasado, en el caso puntual de la aproximación al horror, supone una apertura, un intersticio que nos permite espiar algún fragmento de la esquiva silueta de la libertad. Una libertad a la que, paradójicamente, solo se la podría sorprender desde un lenguaje que *hable el horror*, y que no solo lo posicione como referente. No estamos diciendo con esto que la representación quiebra con la existencia de un referente como tal al no pretender restituirlo, sino mas bien que, en todo caso, se relaciona con él de otra manera, o, mejor dicho, lo crea en el gesto en que lo abre y lo alienta a existir en todo su potencial polisémico.

Cuando advertimos que el horror pasa de ser solo referente a integrar también las propias redes del lenguaje que pretende abordarlo, hay paradójicamente un gesto libertario. Esto es así porque al devenir lenguaje (y no cualquier lenguaje: el lenguaje de la imposibilidad) se torna restrictivo, pero es precisamente esa constricción, esa imposibilidad la que exhorta a su propia trama a generar infinitos sentidos.

La película *Los rubios* no se ufana en reconstruir el horror, sino que, en cambio, toma a la propia memoria al mismo tiempo como objeto y como lenguaje. Así se cuida de cosificar su objeto, de fetichizarlo, y en lugar de convocarlo prefiere crearlo, aún cuando "crearlo" no necesariamente quiera decir "inventarlo".

En el mismo sentido, el film también pone el acento en la imposibilidad de que un referente pudiera ser restituido en tanto tal, pero no solo porque los padres de Carri ya no están, sino porque en *Los rubios* hay una decisión estética de no ir al encuentro, de no intentar restituirlos, de crear a partir de esa certeza: "mis padres están ausentes y los dejo ausentes" (Yolis, 2003), como dice Carri. El sentido puede encontrar su rendija en esa elección. Pero además, es posible ver en ella el modo en que han comprendido que la memoria no se construye en la evocación restituyente del pasado, sino principalmente en la manera en que él aparece en tanto negación de su misma calidad de pasado.

A. Amado (2005: 226) se ha referido a *Los rubios* como "un texto fílmico que privilegia (...) la inserción de un no ver incluso en el ver". Esa inserción de un "no ver" incluso en el ver se corresponde perfectamente con la idea del silencio que ya hemos delineado: un silencio que no es aquello que no se dice, sino lo que no se puede decir de lo que sí ha logrado decirse, pero que sin embargo, más que acompañar como un secreto lo dicho, *es* lo dicho, en tanto lo que puede decirse es también (¿o, precisamente?) su propio silencio. Asimismo, J.-L. Nancy (1996) se ha referido a la representación en términos muy similares, al explicar que ella "no presenta solamente algo que, de derecho o de hecho, está ausente: presenta en verdad lo que está ausente de la presencia pura y simple".

Carri se dedica a revelar, en su film, sus mecanismos discursivos: se la escucha pensar, preocupada: "tengo que hacer algo que sea película"; nos muestra a Analía Couceyro presentándose como una actriz que no solo la representa en la película "sino que además lo anuncia" (Yolis, 2003), y al respecto explica en una entrevista que "la decisión de llamar a la actriz tiene que ver con la utilización de un recurso estético de distanciamiento, esa cosa "brechtiana" de exponer la representación" (Yolis, 2003), y hasta incluye el momento en que lee la carta que le envió el INCAA en la que le sugieren que trabaje con la historia de sus padres desde una aproximación más canónica, que incluya testimonios que permitan reconstruir su historia de militancia.

La directora logra, al mismo tiempo, en *Los rubios*, ser solidaria con la precariedad de la materia con la que trata, en este caso la propia memoria —su objeto, como bien nota G. Aguilar (2003)—, al intentar cruzar hacia su desarticulada superficie. La idea de trabajar la película como si se tratara de un entretejido de retazos, además de una decisión de época consolidada ya como hegemónica, es también el gesto de hacer concordar una historia trágicamente desmembrada con un desconcierto formal que viene a acostarse suavemente sobre ella, a acompañarla en su movimiento, a intentar duplicarlo.

"Al omitir, recuerda"

Sentada contra la pared, en los primeros minutos de *Los rubios*, la película de Albertina Carri, Couceyro, la actriz que interpreta a la directora, escribe en un cuaderno: "Exponer a la memoria en su propio mecanismo. Al omitir, recuerda".[60] Carri ha decidido elidir la posibilidad de mostrarse como una hija doliente —quería evitar a toda costa el lugar de "la pobre chica" (Yolis, 2003)—, para trabajar con la materia derretida del recuerdo desde un lugar novedoso: "al omitir, recuerda". Pero esta elección es también expresión de una muerte, porque la búsqueda de identidad luego del horror no admite la amalgama, sino la opción: si la apuesta cinematográfica pretende buscar otra clase de relación con la propia memoria, no podrá reclamar la introyección de lo anteriormente hecho, sino su más terminante negación. Es por eso que el dolor debe ser eliminado, o por lo menos, no puede exponerse de manera flagrante su más cruda incandescencia. El exterminio ha encontrado aquí otro espacio donde continuar su tarea.

Mucho se ha hablado sobre la pose indolente, frívola, distante, de la directora. Pero este rasgo no debe distraernos en sus características personales, sino más bien hacernos reparar en el procedimiento previo que obliga a suprimir el dolor (o en todo caso, a no dar casi muestras de él) para hacer lugar a una búsqueda que pueda transgredir las premisas que hasta entonces habían motivado la realización de films que abordaron tanto el tema del horror como la militancia política de los años 70. En todo caso, la pregunta no debería ser formulada en términos de cuán banal o desapegada pueda ser su mirada, sino que se vuelve indis-

---

[60] La frase aludida fue aportada a la película por el filósofo Ricardo Forster.

pensable interrogarnos sobre el por qué de su necesidad de impedirse mostrar la propia tristeza, acaso parte indisociable de su identidad, para poder construir una búsqueda diferente. Que el texto fílmico se construya de manera fragmentaria no está dando cuenta solo de un sesgo posmoderno.

Ahora bien, ¿cuánta indolencia hay en encarar el monumental proyecto de filmar una película en Argentina, aún si la motivación ha estado fuertemente asociada a la necesidad de saldar una cuenta pendiente con el pasado solo para librarse de ella?

Pero volvamos a la frase de Forster que escribe Couceyro en su cuaderno. De algún modo, allí se está sugiriendo, además, otro elemento clave: que una omisión, un "olvido", puede intervenir también como una demora provisoria que va a aprisionar al recuerdo hasta liberarlo, a oprimirlo de manera tal que sea la misma presión la que lo dispare hacia el presente, para que irrumpa impetuoso en su más ingobernable brutalidad, cuando quien recuerda no está preparado para reencontrarse con ese recuerdo que se ha mantenido fresco en algún lugar del cuerpo, encriptado como el olor de alguna ciudad a la que se ha visitado hace ya un tiempo, o como el perfume de la piel de algún amor que conserva, casi inalterable, toda su fuerza y nos sacude en medio de la calle, haciendo que apenas podamos cerrar los ojos y rendirnos ante su llegada.

Es que, como es sabido, la voluntad de enterrar el pasado solo motiva la potencia de su retorno. El olvido, entonces, también contiene en sí la potencialidad de asegurar que ese "golpe" llegue pleno de una densidad que, dicho sea de paso, la instancia "artificial" del testimonio está, casi siempre, impedida de palpar.

Pero no hay que perder de vista que, así como el olvido puede devolverle a la memoria su extraviado recuerdo, la sola insistencia en la memoria puede terminar siendo un aliciente para el olvido.

"Exponer la memoria a su propio mecanismo" implica, además, y siempre, pensar la memoria *desde* y *con* sus fundamentos, en lugar de añorar una distancia que nos arroje por fuera de la particular relación entre recuerdo y olvido que la sostiene. Es que así como no podemos escapar del horror, del mismo modo en que no podemos reclamar una adyacencia que nos posicione por fuera del testimonio, como así tampoco producir un texto (cualquiera sea) por fuera de la propia implicación en el horror padecido, es preciso, además, aceptar que el olvido también es la sustancia de la memoria.

Esa imposibilidad de la adyacencia es la materia de *Los rubios*, en la que nada funciona, en rigor, a modo de *deus ex machina:* ni siquiera la

El silencio como palabra

(La memoria es producto de un artificio,

y, como tal,

no está dada,

sino que vive en manos de alfareros
dispuestos tanto a modelarla como a destruirla.)

utilización de los Playmobils con los que Carri imagina escenas que no ha podido ver (como la del secuestro de sus padres por extraterrestres, o las fiestas familiares), porque todo está inscripto en un "adentro", todo *es* la entraña misma de la memoria. La conjunción de los más diversos lenguajes no está dando cuenta de una confluencia de materiales foráneos, externos al texto fílmico, sino que, muy por el contrario, es expresión de una memoria viva que construye (y *se* construye) hablando, desde un adentro, con todas sus palabras, y exponiendo, en términos de Forster, su propio mecanismo.

Construir una película como su propio ensayo

La decisión de Carri de dejar ausentes a los ausentes también se vuelve tangible cuando indica ante cámara (o detrás de ella) la manera precisa en que quiere que Couceyro pronuncie sus líneas, o sobre el modo particular en que quiere que el *campo* en el que creció sea capturado por la lente. Sin embargo, no asistimos jamás a las escenas "definitivas" que esos ensayos indican; en cambio, solo se nos muestran las marcaciones, y cuando el ensayo termina, la escena misma termina. Es que mostrarnos luego la escena acabada ¿no sería acaso pretender restituir lo ausente? De igual manera, la película misma también se nos presenta como el ensayo de otra que nunca se materializa.

De algún modo, se sugiere que la memoria aguarda en esa película que nunca veremos y de la que apenas tenemos su ensayo, acaso pruebas, tanteos. ¡Pero es que eso es trabajar con la memoria que *es* en su propia fuga!, es decir, abordar al objeto buscado de la misma manera en que él se rige a sí mismo.

El lugar de la identidad está siempre en un otro, sea éste otra persona u otra película, que no es la que vimos. Y como espectadores, estamos también parados siempre en una antesala, sin poder, nunca (o solo por instantes), arribar al nudo de la memoria, porque en realidad no habría manera de hacerlo, dado que él solo puede encontrar su ser en el espacio que anuncia otro espacio, así como la película existe en un *arrojarse hacia* otra película de la que solo tenemos su ensayo. Así, todo el film existe en la *propensión hacia* otro espacio (pero no *en* ese otro espacio), del mismo modo en que Carri no configura su identidad en ese otro territorio, sino aquí, buscándolo.

La película construye en un escape múltiple, siempre repetido: Carri se fuga de sí misma al convocar a una actriz; quien, a su vez, se fuga de sí al encarnar a otra persona; los ausentes no se nos presentan como una ausencia restituida, sino apenas aludida como una lejanía que encierra en ella, siempre, su propio exilio. La memoria es el material escurridizo que se aleja cuando pretendemos acercarnos a él, y el film de la memoria está *en Los rubios*, pero precisamente en los momentos en que la película es, en sí misma, la retirada hacia otra que nunca veremos.

La identidad en la "falla" de la verdad

"Carri elabora un film-del-postizo", dice G. Aguilar (2003: 176). Por cierto, los momentos clave de la película, aquellos en los que memoria e identidad aparecen como promesas que casi pueden tocarse, están, todos, clavados en una "falla", que es, además, expuesta de diversas maneras como el lugar en que la posibilidad de la creación de la propia identidad es vivida como algo "factible".

Hablamos de una confección, a modo de caja china, de niveles discursivos superpuestos en los que actuación, dirección, elección del título, y hasta la actitud indolente de la directora, participan, de igual modo, en la creación de la memoria en la "falla", en el "postizo"; en lo que no es "verdadero" en sentido estricto. Pero, al mismo tiempo, la imbricación de diferentes lenguajes (texto escrito, texto leído, animación, etc.) en el interior del gran texto fílmico que los contiene está también poniendo en evidencia el carácter constructivo de la memoria.

Para la mujer que los delató, los Carri eran "los rubios", pero si la directora siente la necesidad de recurrir a la peluca, es claro que no se identifica con esa designación y acierta al exasperar la "falla" al punto de titular su película apoyándose en ella. Al respecto, explica: "En determinado momento me doy cuenta de que la señora en los dos testimonios define a la familia como rubios y me doy cuenta de que ésa es la clave de la película. La ficción de la memoria que yo necesitaba" (Moreno, 2003). Entonces: vivir lo "falso" como instituyente de la clase de "verdad" que se intenta construir, o también: concebir la ficción como "falla" de la verdad, pero no como mentira sino como distorsión, como una grieta que al obligar a la propia representación a desplazar sus piezas, la expande.

Como ya ha notado G. Aguilar (2003) en su ensayo, es en la misma imaginería del cine donde Carri encuentra la música que acompaña la escena del secuestro de sus padres, que en este caso aparecen como Playmobils raptados por un plato volador. Es en el anclaje en el pasado cinematográfico, donde Carri refuerza su premisa de que la memoria es ficción, pero fundamentalmente, que lo es aún bastante más allá de que en este caso puntual haya tenido que inventar aquello que no ha podido ver con sus propios ojos.

La identidad, entonces, se construye (y se destruye) en el "error", pero también en la proyección; se delega, se posterga, es vivida como ajena y propia al mismo tiempo.

En el film se percibe una intensa necesidad de poner de relieve la conformación siempre diferida de la identidad. Esa marea revela que a veces es necesario otro (que no es más que uno mismo) para quitarse las propias vísceras y verlas a la luz.

Es por eso que Couceyro es presentada como una actriz que, de algún modo, se está representando a sí misma en calidad de actriz, es decir: es una actriz que "hace de sí misma" (más que *ser* ella misma), y que al mismo tiempo que "hace de otra" (de Albertina), "actúa" ser una actriz. Pero no solo eso: Albertina misma hace de Albertina; su intervención en la película es su propia mediación.

De este modo, ambas proyectan haces identitarios que buscan la infinita forma de la indeterminación, pero en la que se articulan, sin embargo, todos los silencios que pronuncian, con diferentes voces, una única palabra: "memoria". Un juego de ausencias en el que la presencia solo existe en el gesto donante, en la transposición del propio silencio para que sea retomado por un "otro" (Couceyro) que viene a asistir a Carri en el anhelo imposible de rozar algo del cuerpo de esa añorada memoria. Y así como el silencio donado se vuelve más propio en ese acto, la identidad también se vuelve más tangible cuando se construye de manera diferida, compartida, labrada con otro.

La mediación que propone la película al exponerlas a ambas, Carri y Couceyro, es la prueba más terminante de que la distancia es apenas una manera de extender la propia interioridad y no una estratagema para salir de ella. En todo caso, la presencia de Couceyro no constituye una exterioridad suficiente (en definitiva, ambas son Albertina), del mismo modo en que la "mediación" que ofrece la representación supone una distancia que, más que alejar, pone en contacto, en un "adentro", los elementos que van a participar de la conformación de la propia identidad. La mediación que supone la representación no es tal en sentido estricto, dado que no hay un objeto a ser restituido sino un lenguaje que se repliega sobre sí mismo y que encuentra en su propia textura la apertura del sentido en la que puede jugarse la construcción tanto personal como colectiva de una memoria del horror.

Carri amplía, con la presencia de su álter ego, el perpetuo juego de coincidencias imperfectamente especulares que alienta la propia dinámica de la representación.

Allí está el sentido, ahí confluye la verdadera película: en esa "imperfección" aguarda la memoria.

"Un film documental, si es honesto, solamente puede registrar ausencia", ha afirmado Thomas Elsaeser. ¿Pero es que acaso pretender la restitución de la presencia, aún cuando fuere siempre una empresa perdida, sería "deshonesto"? Además, tal pretensión, ¿podría realmente inscribirse por fuera de la ausencia? ¿No es la presencia, siempre, parte de la ausencia que todo lo contiene si de memoria del horror e identidad hablamos? ¿No es la ausencia, al mismo tiempo, y en lo que a la representación y al testimonio respecta, siempre, parte de la presencia, su silencio constitutivo? ¿No hay un juego de solidaridades mutuas, de reenvíos, y de re-emplazamientos, siempre que se hable de memoria, identidad, testimonio y representación? ¿No está todo discurso, aún el ingenuo, apuñalado de ausencia antes de que quien lo pronuncie abra su boca? En todo caso, todo discurso es "válido" en tanto, precisamente, no puede sustraerse a la determinación previa y asfixiante de hablar, siempre, desde una ausencia, no solo del ausente, sino, y principalmente, de quien pretende evocarla.

No hay riesgo de error, posibilidad de imprecisión ni actitud evasiva; todos, sin excepción, estamos parados en el núcleo de la ausencia y desde allí, comenzamos la propia palabra, la canción épica, identitaria, la más única y la más compartida, y cualquier distancia pretendida no hará más que expandir la imposibilidad de la exterioridad, una imposibilidad que anuncia el infinito (y por qué no decirlo: fecundo) territorio del silencio.

Un arte post-Holocausto: de la agonía *del* lenguaje a la agonía *como* lenguaje

El arte es, quizá, uno de los lenguajes más autorizados para hablar del silencio; pero no solo porque es capaz de adentrarse en él como temática por ser él mismo un silencio que habla (recordemos que la creación es *ex-nihilo*: surge "de la nada", de un "silencio" originario), sino, principalmente, porque el arte es ya un lenguaje silenciado, doliente, extinguido no solo en el potencial transformador del que gozó otrora, sino también en tanto ha sido puesto a prueba luego de que aquel genocidio supusiera —como explica J.-L. Nancy (1996)—, la clausura de la representación.

El eje de aquel debate quedaría en este punto ligeramente desplazado, o por lo menos es posible volver a T. Adorno (1962) y discutir su imperativo, pero casi dándole la razón: si, como sentenciaba, se ha vuelto imposible escribir poesía después de Auschwitz, es justamente *por eso* que escribir poesía después de Auschwitz se vuelve posible. Es, en todo caso, *esa misma imposibilidad* la que revalida al arte como un lenguaje cuya voz afónica resulta perfecta para hablar *del* silencio y *desde* el silencio.

Ya sea porque el arte ha participado de esa promesa ilustrada que demostró contener, al mismo tiempo, el gérmen de la destrucción, como porque su estatuto ha cambiado definitivamente después de Auschwitz y su suerte vaga desde entonces errante y moribunda, que le es posible acercarse al horror y construir, desde su voz silenciada, y por ella, memoria.

Es el silencio compartido el que hace posible que el arte hable del silencio de Auschwitz. Y porque hay un silencio que se comparte, el arte puede reclamar para sí el intento de hablar desde el lenguaje del silenciado. Es que, como ya hemos dicho, hablar el lenguaje del otro es un modo de hablar de la memoria. De igual modo, si la memoria se conforma como una presencia/ausencia dislocada, fragmentaria, el lenguaje que la nombre (y que la cree), deberá hablarla desde esa misma dislocación, o lo que es lo mismo, deberá ser solidario con la precariedad de su materia.

Al decir que hablar el lenguaje del otro es un modo de hablar de la memoria no estamos afirmando algo irreconciliable con la ya mencionada frase de Celan "nadie testimonia por el testigo", pues reclamar el lenguaje del otro no es pretender hablar por él. Es, en todo caso, dar paso al intento de situarse en la imposibilidad del otro, y dar cuenta, en ese gesto, apenas, de su imposibilidad de hablar, de la propia imposibilidad de hablar, y de la imposibilidad incluso de que ese movimiento (el "viaje" hacia el lenguaje del otro) sea posible. Pero ese "tenderse hacia" debe ser, aún en estas tres imposibilidades (que no son más que una y la misma), reivindicado.

Ya hemos aclarado, siguiendo a Moutot, que hay cierto tipo de poesía (así como cierta clase de discurso teórico) que se ha vuelto imposible reclamar. Sin embargo, y una vez dicho esto, estamos en condiciones de corroborar una de las afirmaciones que han vertebrado en gran medida este recorrido: que el arte se erige como un lenguaje habilitado para hablar del silencio en el momento exacto en el que comienza su agonía como tal. Es precisamente la herida de muerte que porta como lenguaje, la que puede inaugurar el comienzo de una voz *sobre*, *hacia* y *desde* el silencio.

Pero el arte está en condiciones de hablar del silencio no solo porque es un lenguaje que ha sido "silenciado" como tal (en este sentido es que hablamos de su agonía) y por eso puede "comprender" como ninguno el silencio y tratar con él, sino también porque su material de trabajo es siempre alguna clase de silencio, una falta, un olvido, el vacío previo a cualquier comienzo. Y esto es así, incluso, más allá de lo que refiere al acercamiento puntual a la cuestión del horror. Su sustancia es siempre, como decíamos, aquello que ya se ha fugado de sus manos, el eterno "inaprensible".

Y en lo que refiere al testimonio, ¿acaso él no trabaja también, y todo el tiempo, con aquello que le es inaccesible; más aún: funda allí mismo su existencia? El arte se ubica en un lugar equivalente, siempre y cuando no sucumba a la tentación estetizante que acecha por doquier, no sea pedagógico, y "comprenda" el terreno de silencio desde el que la construcción de cierta voz puede volverse "posible".

Elie Wiesel, a propósito del testimonio, explica que no ha escrito sobre su pasado para que el lector lo conozca, sino para sepa que jamás llegará a conocerlo.[61] Del mismo modo, el arte puede "comprender" (no en el sentido de que algo puede ser cognoscible o aprehensible, sino que puede "vivir con") aquel silencio; y en ese gesto, emprender el viaje imposible hacia el lenguaje del silenciado. El arte comparte con el testimo-

---

[61] Wiesel, E., "Art and Culture after the Holocaust", en *Auschwitz: Beginning of a New Era? Reflections on the Holocaust*, Fleischner, E. (ed.), KTAV Publishing House, Nueva York, 1974, p. 22.

nio el silencio del "jamás llegará a conocerlo"; ambos lenguajes se encuentran y reconocen en la retirada de la palabra plena.

Si como ya hemos dicho, el arte es un lenguaje agónico, doliente, cuya condición de silenciado le provee el elemento propicio para hablar de lo "indecible", y por eso debe "ser" en el intento de hablar el lenguaje del otro, es impensado que conciba el silencio como un impedimento externo. Por el contrario, el silencio deberá ser, en realidad, su elemento, casi sus manos, su voz. Acaso todo su cuerpo.

Los materiales trabajados dan lugar a infinitas lecturas, pues no se suturan a la unidireccionalidad de un sentido ya prefigurado y sellado de antemano, al que solo le restaría ser transmitido, sino que se conforman como una presencia que alberga en sí la ausencia, el sentido (el *absens*) al que se refería Nancy cuando hablaba de "representación".

Del mismo modo en que Paul Celan habla *desde* la materialidad del poema sobre el problema de la representación del horror, y es *en* ella donde propone el balbuceo como la única opción posible después de la conciencia exasperada sobre la trampa en que ha caído toda palabra luego del exterminio; así como Lanzmann intenta poner de manifiesto la irrepresentabilidad del horror *en* su película y no por fuera de ella, y del mismo modo en que Pacheco coloca en la boca y el cuerpo de sus actores la misma "imposibilidad" del decir, estamos en presencia, en todos los casos, de una representación que trabaja críticamente con sus mecanismos discursivos *desde* su propia fibra, y que, más que prohibirse a sí misma, nace de su imposibilidad.

Si, en principio, la representación no puede tener lugar, pues su "resto" (aquel que daba paso al sentido, al absens) ha sido exterminado en Auschwitz, el desafío de un arte post-Holocausto es el de ensayar el intento de restituir, cada vez, la posibilidad de la representación, de favorecer la reinclusión del punto de fuga del sentido que ha sido ejecutado en el *Lager*. Así, se vuelve indispensable la construcción de un lenguaje estético que no solo acepte la herida que el *campo* significó para la representación (no nos estamos refiriendo a una prohibición ética, claro está), sino que encuentre en ella (en ese "silencio") su criterio de existencia, su nueva voz.

Anhelamos un lenguaje que no se consagre a oprimir su propia opacidad, sino que logre, en cambio, protegerla celosamente y presentarla en calidad de ausencia amurallada también en la inmediatez de la presencia.

El silencio como palabra

(Avivar la hoja en blanco, provocarla.)
(Azuzarla hasta que comience,

ella sola,

a destilar con impudicia
una desnudez deseante
que insinúe la tez burlona de la representación.)

(Pero para abrirse a sí misma en esa entrega, no podrá más que
asfixiarse en su más propio gemido,
sin abandonarlo un instante,
y desde allí... desde allí
hablar, balbucear, contemplar, callar muy bien la mirada...
y volver a hablar...)

(Blanco...)
(Tez burlona de la representación...)
(Se desviste solo cuando se ahoga en su más propio gemido...)
(Habla...)
(Balbucea...)
(Contempla...   )
(Destruye su mirada...   )
(Y vuelve a decir:)
(...)

"Cierres"

Ya hemos dicho que un lenguaje que pretenda construir una memoria del horror deberá ser solidario con la precariedad de su materia. De igual modo, en esta instancia de escritura, todo cierre es, y debe ser, necesariamente imposible, o, mejor dicho, solo puede ser "posible" en tanto surja de su propia imposibilidad. Es que ningún final puede ser anunciado, pues ser solidarios tanto con la experiencia del Holocausto como con la experiencia argentina (hablar el lenguaje del silenciado) nos exige ensayar un "cierre" que encuentre, en su propia fuga, su condición de tal.

Pero elaborar un cierre es imposible también porque las heridas de aquel pasado aún están vivas, y por eso debemos mantener abierta toda clausura; entre ellas, las que han sufrido tanto el lenguaje teórico como el artístico luego de tales genocidios, para persistir con denodada obstinación en una demora indefinida del olvido.

Así, es preciso dejar todo inacabado para hacer nacer la propia palabra en el punto exacto en que las imposibilidades y los cierres se imponen. Pretender aquí un cierre sería olvidar que esta búsqueda ha intentado ser, en toda su extensión, una interpelación permanente a la clausura, una manera de interrogar el silencio. Y de restituir aquellas voces que han intentado arrancarle al silencio su palabra.

Ha resultado imprescindible en este recorrido darle curso al pensamiento aporético, pero no para disolver la aporía sino para "hacerla vibrar" de modo tal que su retumbar pueda alumbrar un lenguaje que encuentre en el silencio el brazo dispuesto a arañar el balbuceo que proponía Celan, o el grito que tiembla en las muecas mudas que encarnan los actores en las obras teatrales de Omar Pacheco.

Es así como un lenguaje tal, que nazca de la ceniza, es y será fatalmente heredero de aquel que ha sido sustento de la barbarie, pues el pensamiento aporético en el que aquí insistimos no le permite "soltarle la mano". El viejo lenguaje es su gran herida constitutiva, fundante; carne y huesos de sus primeros pasos. Nos referimos en este punto al silencio también en tanto aceptación de esa herida constitutiva, como recogimiento ante la tragedia de una palabra que devino cómplice suprema del horror.

Pero principalmente hablamos de un silencio que no es, de ningún modo, mutismo infecundo ante un "inefable" o "indecible", sino el elemento clave que el lenguaje que anhelamos (sea en el campo artístico, sea en el espacio "evocativo" del testimonio) tiene que aceptar para comenzar a ensayar un rumor, un tanteo hacia un terreno lingüístico que, en su "imposibilidad" (en el sentido de que no hay allí posibilidades "pre-dadas") pueda sentar las bases para una nueva y radical apertura del sentido.

Un pensamiento que anhele medirse con lo más extremo debe dirimir su acción precisamente en la construcción de posibilidad *en* la imposibilidad, en el acto de alumbramiento de un lenguaje que debe brotar del silencio.

Derrida parafrasea a Bataille cuando elige *silencio* como ejemplo de palabra deslizante y destaca la necesidad de palabras y objetos que nos hagan deslizar...[62] "¿Hacia qué? —se pregunta Derrida—. Sin duda, hacia otras palabras, hacia otros objetos que anuncian la soberanía" (Derrida, 1996). Nosotros diremos: sí, valerse del silencio como palabra "deslizante", pero para deslizarse, más que hacia otras palabras, hacia el territorio de un silencio que sea, él mismo, "palabra", o mejor dicho, que en su infinita boca pueda articular la voz que anuncie la soberanía.

"Necesidad de lo imposible", escribe J. Derrida (1989); "decir en el lenguaje —del servilismo— lo que no es servil". Necesidad de lo imposible, porque es allí donde aguarda, como ya hemos dicho cuando comenzamos este recorrido, la "verdadera" posibilidad.

Más que "decir en el lenguaje del servilismo lo que no es servil", insistimos en "servirnos" de las cenizas del lenguaje del servilismo para dar paso a un nuevo lenguaje estético, heredero, sí, de aquel primero, pero cuyo balbuceo añore tenderse ferozmente hacia el arcano que, sabemos, va a fugarse eternamente de sus manos, y por eso mismo va a crecer en ellas. Allí, allí: lo soberano.

---

[62] Bataille, G., *La experiencia interior*, Madrid, Taurus, 1953, citado en Derrida, J., *La escritura y la diferencia*, *op. cit.*

Bibliografía

ACTIS, María, Cristina ALDINI, Liliana GARDELLA, Miriam LEWIN y Elisa TOKAR, *Ese infierno*, Buenos Aires, Sudamericana, 2001.

ADORNO, Theodor W., "El ensayo como forma", en *Notas de literatura*, Barcelona, Ariel, 1962.

——, *Prismas*, Barcelona, Ariel, 1962.

——, *Minima Moralia*, Caracas, Monte Ávila, 1975.

——, *Dialéctica negativa*, Madrid, Taurus, 1992.

——, *Consignas*, Buenos Aires, Amorrortu, 1993.

——, HORKHEIMER, Max, *Dialéctica del iluminismo*, Buenos Aires, Sur, 1969.

AGAMBEN, Giorgio, "¿Qué es un campo?", Revista *Artefacto*, N° 2, Buenos Aires, marzo de 1998.

——, *Infancia e Historia*, Buenos Aires, Adriana Hidalgo, 2001.

——, *Lo que queda de Auschwitz. El archivo y el testigo. Homo sacer III*, Valencia, Pre-Textos, 2005.

——, *Estado de excepción*, Buenos Aires, Adriana Hidalgo, 2007.

AGUILAR, Gonzalo, *Otros mundos*, Buenos Aires, Santiago Arcos, 2003.

AMADO, Ana, "Las nuevas generaciones y el documental como herramienta de historia", en A. Andújar, *et al.* (comps.), *Historia, género y política en los 70*, Feminaria, Buenos Aires, 2005.

AMÉRY, Jean, *Intellettuale a Auschwitz*, Bollati Boringhieri, Turín, 1987 (ed. orig.: *Jenseits von Schuld und Sühne. Bewältigungsversuche eines Überwältigten*, F. Klett, Stuttgart 1977).

ARENDT, Hannah, "L'image de l'enfer", en *Auschwitz et Jerusalem*, Páris, Deux Temps Tierce, 1991.

——, *La tradición oculta*, Buenos Aires, Paidós, 2004.

BATAILLE, Georges, *La experiencia interior*, Madrid, Taurus, 1953.

BENJAMIN, Walter, "La obra de arte en la época de su reproductibilidad técnica", en *Discursos Interrumpidos I*, Madrid, Taurus, 1982.

——, "El narrador. Consideraciones sobre la obra de Nicolai Leskov", en *Sobre el programa de la filosofía futura*, Barcelona, Planeta-Agostini, 1986.

——, "Sobre algunos temas en Baudelaire", en *Sobre el programa de la filosofía futura*, Barcelona, Planeta-Agostini, 1986.

——, "Experiencia y pobreza", en *Discursos interrumpidos*, Madrid, Taurus, 1998.

BETTELHEIM, Bruno, *Sopravivere*, Feltrinelli, Milán, 1991 (3ª. ed.); ed. orig.: *Surviving and Other Essays*, New York, Knopf, 1979; ed. cast. *Sobrevivir. El Holocausto una generación después*, Barcelona, Crítica, 1983 (2ª. ed.), trad. Jordi Beltrán.

Beuys, Joseph, "Auschwitz Demonstration, 1956-1964", en *La Mémoire d'Auschwitz dans l'art contemporain, Actas del coloquio internacional*, Bruselas, 11-13 de diciembre, 1997, Éditions du Centre d'etudes et de documentation-Fondation Auschwitz, 1998.

Blanchot, Maurice, *La escritura del desastre*, Caracas, Monte Ávila, 1990.

——, *El libro que vendrá*, Caracas, Monte Ávila, 1992.

——, *El último en hablar*, Madrid, Tecnos, 1999.

Braude, Diego, Entrevista a Omar Pacheco: "Yo busco conectarme con una cosa más primitiva del hombre, más esencial", Portal de Teatro, Arte, Tecnología y Cine *Imaginación Atrapada,* http://www.imaginacionatrapada.com.ar/Teatro/ent_omar_pacheco.htm

Burello, Marcelo Gabriel, "Experiencia de la muerte, o: después de Auschwitz, *no* escribir un poema es un acto barbárico", *Pensamiento de los Confines,* N° 19, FCE, diciembre de 2006.

Burucúa, José Emilio, "Una explicación provisoria de la imposibilidad de representación de la *Shoá*", *Nuestra Memoria*, N° 20, 2002.

Cabrera, Hilda, "La Inquisición ¿desapareció?", entrevista a Omar Pacheco en *Página 12 Web,* [1 de mayo de 2001], http://www.pagina12.com.ar/2001/01-05/01-05-19/pag27.htm.

Calveiro, Pilar, *Poder y desaparición. Los campos de concentración en la Argentina*, Buenos Aires, Colihue, 2004.

Capalbo, Armando, "Cinco puertas: reflexión y memoria en la estética del horror", en M. Lena Paz, (comp.), *Teatro-Cine-Narrativa: Imágenes del nuevo milenio*, Buenos Aires, Nueva Generación, 2002.

Casullo, Nicolás, "Una temporada en las palabras", *Pensamiento de los Confines*, N° 3, FCE, septiembre de 1996.

——, "Memoria para las muertes en la Argentina", *Pensamiento de los Confines*, N° 9/10, FCE, primer semestre de 2001.

——, Ricardo Forster y Alejandro Kaufman, *Itinerarios de la modernidad*, Buenos Aires, Eudeba, 1999.

Celan, Paul, *Obras completas*, Madrid, Trotta, 1999.

Cragnolini, Mónica, "Temblores del pensar: Nietzsche, Blanchot, Derrida", *Pensamiento de los Confines*, N° 12, FCE, junio de 2003.

Derrida, Jacques, *La escritura y la diferencia*, Barcelona, Anthropos, 1989.

——, "El teatro de la crueldad y la clausura de la representación", en *La escritura y la diferencia*, Barcelona, Anthropos, 1989.

——, "Hablar por el otro", en *Diario de Poesía*, N° 39, primavera de 1996.

——, "Discurso de Frankfurt", Collection *La philosophie en effet* (27 mars 2002), París, Galilée. Edición digital de Derrida en castellano.

Elsaeser, Thomas, "One Train May Be Hiding Another", en Linda Below (ed.), *Topologies of Trauma*, New York, Other Press, 2002.

Felman, Shoshana, "Una película como testigo: *Shoah* de Claude Lanzmann", en *Espacios de crítica y producción*, N° 26, Buenos Aires, 2000.

Fernández López, José Antonio, "De la pérdida y la imposibilidad", *A Parte Rei*, N°
1, Sociedad de Estudios Filosóficos, Madrid, julio de 2005.
———, "En los límites de lo indecible. Representación artística y catástrofe", *A
Parte Rei*, N° 3, Sociedad de Estudios Filosóficos, Madrid,noviembre de
2006.
———, "Pensar desde el silencio. Representación y discurso después de Aus-
chwitz", *A Parte Rei*, N° 2, Sociedad de Estudios Filosóficos, Madrid, enero
de 2006.
Festiner, John, *Paul Celan. Poet, Survivor, Jew*, Nueva York, Yale University Press,
1995.
Finchelstein, Federico, "Historia, representación y banalidad. Una charla con
Claude Lanzmann", en *Espacios de crítica y producción*, N° 26, Buenos Aires,
2000.
Forster, Ricardo, "El imposible testimonio: Celan en Derrida", *Pensamiento de los
Confines*, N° 8, FCE, primer semestre de 2000.
———, "Después de Auschwitz: la persistencia de la barbarie", en *La Liebre Libre*,
marzo de 2006.
———, "Paul Celan y la barbarie de la lengua", *Pensamiento de los Confines*, N° 19,
FCE, diciembre de 2006.
Friedlander, Saul (ed.), *En torno a los límites de la representación. El nazismo y la
solución final*, Buenos Aires, Universidad Nacional de Quilmes, 2007.
Glantz, Margo, "Paul Celan, en el fondo…", revista *Fractal*, N° 17, vol. 5, junio
2000, año 4, p. 4.
Goldszmidt, Jorge Mario, "Desencuentros", *Pensamiento de los Confines*, N° 8,
FCE, primer semestre de 2000.
———, "De paseo errabundo con y por Celan", *Pensamiento de los Confines*, N° 19,
FCE, diciembre de 2006.
Grass, Günther, *Escribir después de Auschwitz*, Barcelona, Paidós, 1999.
Kant, Immanuel, *Crítica del juicio,* Alicante, Biblioteca Virtual Miguel de Cervan-
tes, 1999.
Kaufman, Alejandro, "Desaparecidos", *Pensamiento de los Confines*, N° 3, FCE,
septiembre de 1996.
———, "Notas sobre desaparecidos", *Pensamiento de los Confines*, N° 4, FCE, julio
de 1997.
———, "Notas sobre perdón y olvido", *Pensamiento de los Confines*, N° 5, FCE,
segundo semestre de 1998.
Keats, John, "The Letters of John Keats", M.B. Forman (ed.), Oxford, Oxford
University Press, 1935; ed. cast.: *Cartas*, traducción de Concepción Váz-
quez de Castro, Barcelona, Juventud, 1994.
Kramer, Mario, "Joseph Beuys' 'Auschwitz Demonstration, 1956-1964'", en *La
Mémoire d'Auschwitz dans l'art contemporain*, *Actas del coloquio internacional*,
Bruselas, 11-13 de diciembre 1997, Éditions du Centre d'etudes et de docu-
mentation-Fondation Auschwitz, 1998.

Laporte, Roger, "Leer a Maurice Blanchot", Barcelona, *Archipiélago*, N° 49, 2001.

Levi, Primo, *Si esto es un hombre*, Barcelona, Muchnik, 1987.

———, *La tregua*, Barcelona, Muchnik, 1988.

———, *Los hundidos y los salvados*, Barcelona, Muchnik, 1989.

———, *Trilogía de Auschwitz*, Barcelona, El Aleph, 2006.

Link, Daniel, "Qué sé yo. Testimonio, experiencia y subjetividad", publicación web en http://linkillodraftversion.blogspot.com/2006/03/qu-s-yo.html, marzo de 2003.

Lorenzano, Sandra, "Lenguaje e imágenes balbuceantes", *Revista de la Universidad de México*, marzo de 2006.

Lyotard, Jean-François, *Lecciones sobre la analítica de lo sublime*, París, Galilée, 1991.

———, *La diferencia*, Barcelona, Gedisa, 1999.

Merleau-Ponty, Maurice, *Fenomenología de la percepción*, México, FCE, 1957.

Moreno, María, *Esa rubia debilidad*, entrevista realizada a Albertina Carri en *Página/12*, suplemento *Radar*, http://www.pagina12.com.ar/diario/suplementos/radar/9-1001-2003-10-22.html, 2003.

Moutot, Gilles, *Lenguaje y reificación*, Buenos Aires, Nueva Visión, 2005.

Nancy, Jean-Luc, *La experiencia de la libertad*, Barcelona, Paidós, 1996.

———, "La representación prohibida", *Pensamiento de los Confines*, N° 12, FCE, junio de 2003.

Peñalver, Patricio, "Del silencio de Auschwitz a los silencios de la filosofía. Judaísmos ultramodernos interminables", en R. Mate (ed.), *La filosofía después del Holocausto*, Barcelona, Riopiedras, 2002.

Rancière, Jacques, "Las poéticas contradictorias del cine", *Pensamiento de los Confines*, N° 17, FCE, diciembre de 2005.

Rosencof, Mauricio y Eleuterio Fernández Huidobro, Montevideo, *Memorias del calabozo*, Montevideo, 1987.

Sarlo, Beatriz, *Tiempo pasado. Cultura de la memoria y giro subjetivo. Una discusión*, Buenos Aires, Siglo XXI, 2005.

Schmucler, Héctor, "Ni siquiera un rostro donde la muerte hubiera podido estampar su sello", *Pensamiento de los Confines*, N° 3, FCE, 1996.

Sontag, Susan, *Ante el dolor de los demás*, Madrid, Alfaguara, 2003.

Steiner, George, *En el castillo de Barba Azul*, Barcelona, Gedisa, 1991.

———, *Lenguaje y silencio*, Barcelona, Gedisa, 2000.

Tatián, Diego, "Caute. Sobre arte y artistas", *Pensamiento de los Confines*, N° 9/10, FCE, primer semestre de 2001.

Virilio, Paul, "El procedimiento silencio", *Pensamiento de los Confines*, N° 9/10, FCE, primer semestre de 2001.

Wiesel, Elie, "Art and Culture after the Holocaust", en *Auschwitz: Beginning of a New Era? Reflections on the Holocaust*, E. Fleischner (ed.), Nueva York, KTAV Publishing House, 1974.

———, "For some measure of humility", en *Sh'ma. A Journal of Jewish Responsibility*, N° 5, 31 de octubre de 1975.

YOLIS, Yvonne, "Albertina Carri, directora", entrevista realizada a Albertina Carri en *Cómo hacer cine*, http://www.comohacercine.com/articulo.php?-id_art=455&id_cat=2 [12/11/2003].

———, "Albertina Carri, directora", entrevista realizada a Albertina Carri en *Cómo hacer cine*, http://www.comohacercine.com/articulo.php?id_art=455-&id_cat=2 [12/11/2003].

ZAMORA, José A., "Estética del horror. Negatividad y representación después de Auschwitz", en *Isegoría. Revista de Filosofía Moral y Política*, N° 23, diciembre de 2000.

ZDZISLAW, Jan Ryn y S. KLODZINSKY, "An der Grenze zwischen Leben und Tod. Eine Studie über die Erscheinung des 'Musulmans' in Konzentrationslager", en *Auschwitz-Hefte I*, Weinheim/Basilea, 1987.

ZYTNER, Rosa, "De Silencio... Entierros... Desentierros. Reflexiones sobre *El secreto y Testigos*, de Eugenia Bekeris" *Querencia, Revista de Investigación Psicoanalítica*, N° 5, julio de 2002.

FILMOGRAFÍA

El rostro de Jizo (*Chichi to kuraseva*, Japón, 2004) de Kazuo Kuroki; duración: 99'.

Garage Olimpo (Argentina, 1999) de Marco Bechis; duración: 90'.

La decisión de Sofía (*Sophie's Choice*, EE. UU., 1982) de Alan J. Pakula; duración: 150'.

La guerra de un solo hombre (Francia, 1982) de Edgardo Cozarinsky; duración: 105'.

La lista de Schindler (*Schindler's List*, EE. UU., 1993) de Steven Spielberg; duración: 195'.

Los rubios (Argentina, 2003), de Albertina Carri; duración: 89'

Noche y niebla (*Nuit at brouillard*, Francia, 1955) de Alain Resnais; duración: 32'.

Nuestra música (*Notre musique*, Francia, 2004) de Jean-Luc Godard; duración: 80'.

Rapsodia en agosto (*Hachigatsu no kyoshikyoku*, Japón, 1991) de Akira Kurosawa; duración: 99'.

Shoah (del hebreo, "catástrofe", Francia, 1985) de Claude Lanzmann; duración: 566'.

Victoria Souto Carlevaro

www.ingramcontent.com/pod-product-compliance
Lightning Source LLC
Chambersburg PA
CBHW081723250726
48657CB00010B/3099